中国少数民族人口丛书

东乡族

翟振武 主编

苏 君/著

中国人口出版社
China Population Publishing House
全国百佳出版单位

图书在版编目（CIP）数据

东乡族/苏君著 .—北京：中国人口出版社，2012.12（2022.7重印）
（中国少数民族人口丛书）
ISBN 978-7-5101-1500-4

Ⅰ.①东…　Ⅱ.①苏…　Ⅲ.①东乡族—民族文化—中国
Ⅳ.①K283.3

中国版本图书馆 CIP 数据核字（2012）第 284352 号

中国少数民族人口丛书　东乡族
ZHONGGUO SHAOSHU MINZU RENKOU CONGSHU　DONGXIANGZU
翟振武　主编　苏　君　著

责任编辑　魏小玲
美术编辑　刘海刚
责任印制　林　鑫　王艳如
出版发行　中国人口出版社
印　　刷　北京兴星伟业印刷有限公司
开　　本　710 毫米 ×1000 毫米　1/16
印　　张　10.75　插 1
字　　数　147 千字
版　　次　2012 年 12 月第 1 版
印　　次　2022 年 7 月第 2 次印刷
书　　号　ISBN 978-7-5101-1500-4
定　　价　45.00 元

网　　址　www.rkcbs.com.cn
电子信箱　rkcbs@126.com
总编室电话　(010) 83519392
发行部电话　(010) 83510481
传　　真　(010) 83538190
地　　址　北京市西城区广安门南街 80 号中加大厦
邮　　编　100054

序

如果把一个民族比作一颗星星，那我们就是生活在一个繁星满天的世界。当今世界上有约3000个民族，分布在200多个国家和地区，绝大多数国家由多个民族组成。中国也是同样，是由各族人民共同缔造的统一的多民族国家。在漫漫的历史长河中，生活在中华大地上的各族人民密切往来、交流融合、团结奋斗、休戚与共，形成了一个伟大的强盛的中华民族大家庭，共同开发了祖国的美好河山，共同推动了国家的发展和社会的进步。

在中华民族的大家庭中，有56个成员，其中有55个是少数民族。新中国成立以来，少数民族人口一直持续增长。1953年第一次全国人口普查时，少数民族人口总数为3532万人，占全国总人口的6.1%。2010年进行第六次全国人口普查时，少数民族人口总量达到了1.14亿，几乎是1953年的3倍，占到了全国13.4亿人口的8.5%。各少数民族人口数量相差较大，如壮族有1693万人，回族1059万人，满族1039万人，维吾尔族1007万人，而赫哲族只有5354人，塔塔尔族3556人，独龙族6930人。中国各民族的人口分布呈现大散居、小聚居、交错杂居的特点。汉族地区有少数民族聚居，少数民族地区也有汉族居住；许多少数民族既有一块或几块聚居区，又散居全国各地。中国少数民族聚居区大都地广人稀，资源富集。少数民族地区的草原面积，森林和水力资源蕴藏量，以及天然气等基础储量，均超过或接近全国的一半。全国 2.2 万多公里陆地边界线中的 1.9 万公里在民族地区。全国的国家级自然保护区面积中民族地区占到 85%以上，是国家的重要生态屏障。中国各民族的起源和经济、社会、文化的发展有着本土性、多元性、多样性的特点，五彩缤纷，丰富多彩。

要全面认识中华民族，就要从认识每一个民族开始。正是从这个理念出发，我们编写了这套《中国少数民族人口》大型系列丛书，力图从历史、文化、经济、社会等各个方面，用准确、科学、生动的语言，全方位描述和展现各少数民族灿烂辉煌的历史和现状，编织出一幅绚丽多彩的中华民族大家庭的“全家福”。

编写这样一套大型系列丛书，难度非同一般。几经论证和深入研讨，最终形成了编写大纲，这套丛书各个分卷的作者绝大多数由少数民族作家担任，他们不仅熟悉自己民族的历史和文化，而且对本民族有深厚的感情。在国家新闻出版总署、国家人口计生委和中国人口出版社的大力支持下，作者们历经数年，几易其稿，终成此书。值此丛书出版之际，我们衷心地祈愿这幅“全家福”能为民族的交流和团结，为中国的文化建设，为整个中华民族的繁荣昌盛，作出一份微薄的贡献。

翟振武

2012 年 5 月于北京

PREFACE

Every nationality sparkles like a star in the firmament. Now we have about 3000 stars distributed across the world in more than 200 countries, most of which are multinational. So is China, which consists of a number of nationalities. For centuries, all the nationalities have lived together, worked together and fought together, making China a prosperous unified multinational country.

Of all the 56 nationalities in China, 55 are minorities whose population has been increasing since the founding of The People's Republic of China. According to the first census in 1953, the minority population was about 35.32 million, accounting for 6.1 percent of China's total population. By 2010, the number had almost tripled. According to the sixth census, the population of the minorities amounted to 114 million, making up 8.5 percent of the 1.34 billion people in China. The population size of minority groups varies a lot. Some of them have a large population, for example, the Zhuang Nationality has a population of 16.93 million; the Hui has 10.59 million people and the Manchu consists of 10.39 million people. Some of the minorities are quite small, such as the Hezhe, the Tatar and the Drung nationalities, which have populations of 5354, 3556 and 6930, respectively. China's nationalities live together over vast areas with some living in individual, concentrated communities in small areas.

Some minorities' concentrated communities are scattered among the Hans, and some Han people also live in the minority communities. Some minorities may have one or more concentrated communities, while their people spread all over the country. Most minorities' concentrated communities have their people sparsely distributed in large areas with abundant resources. The grassland, forest, water and natural gas reserves in areas inhabited by minority people account for about half of China's total. Further, 19 000 kilometers of the nation's 22 000-kilometer land boundary are in minorities' communities. In addition, 85 percent of the country's state-level natural reserves are in the minority areas, making the people important guardians of China's ecology. Each of the nationalities' origin is unique, and their development of economy, society and culture is full of variety.

Only by learning every aspect of the minorities' lifestyle can we have a comprehensive understanding of the Chinese nation. Under this notion, we write this series of books on the Population of China's Minorities to provide a detailed picture of our Chinese nation, with the glorious past and prosperous present of the country's minorities.

It is through trials and tribulations that we write this spectacular series of books. Most of the authors, who have profound knowledge of the minorities and wrote the books with their strong emotions, are members of minority groups. With the great support of the National Publication Foundation, the National Population and Family Planning Commission and China Population Publishing House, the authors completed the books after years of unremitting endeavor.

On the publication of this series of books, we are looking forward to seeing these books contribute to the unity of the Chinese nation and help our country flourish in the future.

Zhenwu Zhai

Beijing

May 2012

目录

第一章

族源与历史传承

东乡族的族源曾有争议，最后统一到是以撒尔塔人为主。东乡族聚居地环境较差，但东乡族人在这里顽强生存，创造了辉煌的历史。

第一节　山脊梁擎起的民族

东乡族生活在大山之中，艰苦的自然条件，磨炼了人们顽强的进取精神。撒尔塔人的后裔，使东乡族具有更多善于经商的传统。新中国的成立，使东乡族才有了自己的名称和政府机构。

一、河州东山的民族

东乡族是一个以地理方位命名的民族。在清康熙年间，河州知州王全臣以州城河州（今临夏市）为中心，分出东、南、西、北四乡，在州城以东便呼为“东乡”。相当于县一级的建置。

东乡地处西部黄土高原的尽头，在洮河和大夏河的最下游与黄河刘家峡水库之间，是郦道元《水经注》中记载“有河夹岸”的地方。地形呈方圆形，中部高耸、四周低平。来到这里可以看到：起伏的黄土山峦，弯曲的环山公路；草坡上羊欢牛叫，山湾里“花儿”声声。

山川交错，层层梯田从山脚修上峰顶，勾画出一幅幅美丽的人文景观，路过的人都禁不住驻足凝望，欣赏大自然的奇观。

东乡地貌 东乡县委宣传部提供

这里有悠久的历史，境内古生物化石随处显露，还有马家窑、齐家、辛店等文化遗址；这里出土了我国迄今为止最早的铜刀，堪称“中华第一刀”；这里是华夏古丝绸之路的要道；这里有闻名遐迩的东乡手抓羊肉、醇香可口的唐汪大接杏、品质优良的大红袍花椒、个大面饱的东乡洋芋。这里居住着 20 多万勤劳勇敢的东乡族人民。东乡族文史学者马志勇写道：

在大河东面的大山上
山脊梁擎起一个大山的民族
他们有大山的品格
他们有大山的精神

宽厚　高耸　奉献　拓展
刚毅　坚韧　诚实　深沉
大山铸就民族的灵魂
这就是东乡族撒尔塔人

东乡族自治县位于甘肃省中部西南面，临夏回族自治州东面，东临洮河，与定西地区临洮毗邻，南与广河、和政两县接壤，西接大夏河，与临夏市、临夏县为界，北隔黄河与永靖县相望。

东乡县属黄土高原丘陵沟壑区。全境四面环水，中间高突，略呈“凸”字状，总面积1510平方公里，平均海拔2200米。在这里，进出的路只有上与下，进就是上山，出就是下山，山是这里的主体。山峦起伏，沟壑纵横，悬崖峭壁处处皆是。人们形象地说，这里是“摔死麻雀滚死蛇”的地方。山坡陡峭，险峻壁立，深度大于宽度，呈“V”字形，是“隔沟能说话，握手得半天”的地方。

自治县地貌从类型划分比较简单，主要是黄土山地沟壑。从地貌外形上看，全县很像一把撑开的伞，以位于中部靠西的县府所在地锁南坝为中心，向周围辐射状地伸展出15至20千米长的6个大山梁。这些大梁大沟，又分出几十条支岭、支沟，东乡地区就是由大小不等的山梁和深沟组成的。境内的山地面积占总面积的80%以上。山形态势：从县城锁南坝辐射出六条大山梁夹着六条大沟，即韩则岭—妥家沟，沿岭梁—白家沟，官结连梁—苦格力沟，张王家梁—陈家沟，春台梁—直属沟，阿娄池梁—麦池沟。再由这些大梁大沟分出几十条支岭、支沟，形成了一幅领属清晰、绵亘不断、纵横交错的山峦图景。有人形象地形容这里是地球裸露出肋骨的地方。

境内有大量的黄土斜梁状丘陵和黄土梁峁丘陵。黄土斜梁状丘陵主要分布在西南部及县城四周，占山地总面积的70%左右，梁顶起伏

不大。

位于县境内西北部的丹霞地貌，是东乡的又一名胜景观。丹霞地貌发育始于第三纪晚期的喜马拉雅造山运动。这次运动使部分红色地层发生倾斜和舒缓褶曲。在东乡土地上拔地而起的尖峰窄脊，夹杂在丹霞红沟之间，像“玫瑰色的云彩”，远看似霞红染，近看色彩斑斓。许多悬崖峭壁，像刀削斧劈，直指蓝天，景色瑰丽，具有很高的旅游观赏价值。

东乡地形的河谷阶地主要由二级阶地构成，一、三、四级阶地零星分布，五级主要分布在黄河、洮河沿岸。一级阶地高出河面 80 米左右，梁顶与沟底相对高度差为 400 米左右。一、二级阶地主要为嵌入岩，其他为基座阶地。川塬台地主要分布在靠近河岸的河滩、东塬、达板、唐汪等乡镇，面积约 10 平方千米，其中河滩大塬面积最大，约 7 平方千米。

千百年来，由于自然和人为乱垦滥伐，东乡大部分地区天然林木和植被遭到严重破坏，生态系统严重失衡，水土流失严重，山岭裸露，荒山秃岭。经过漫长的岁月，土壤表层腐殖质积累变少，土壤贫瘠，保肥保水能力极差，抗旱性能更弱。独特的地理位置导致东乡气候具有明显的高原干燥气候特点，冬长夏短，春秋相连，冬无严寒，夏无酷暑，年蒸发量是年降水量的 2.7 倍，形成终年缺水的状况。“山高和尚头，沟深无水流”是这里形象的写照。“民犁龟背驼峰之间”是古人对这里的民族生产生活的真实反映。这里可以触摸到地球最坚硬的骨头。东乡族人民在这样的环境中生存发展，表现出这个民族开拓、进取、智慧、顽强的民族精神。

多年来，东乡人民与恶劣的自然环境进行着不屈不挠的斗争。南阳渠的开通，滋润了东乡干涸的土地；东大坡退耕还林工程，给东乡人民带来了治理生态的希望；东乡县城的改扩建，改变了东乡“有县

无城”的历史；唐达公路的贯通，为东乡的发展提供了坚实的保障。如今，东乡人民正满怀高涨的热情，为开发西北、建设家园进行不懈的努力。

二、东乡族源以撒尔塔人为主

东乡族是13世纪初，成吉思汗西征撒尔塔以后，从撒尔塔地方征集的一批军人、工匠、商人、传教者；以撒尔塔人为主，包括色目人、突厥人、阿拉伯人与波斯人，屯驻在河州东乡地方，与周边回、汉等民族以及少量的其他民族，于元代末期融合形成的一个民族。

“撒尔塔”原意为“商贾”。十二三世纪的“撒尔塔”是指定居于中亚一带信仰伊斯兰教的各种人，主要为色目人、波斯人、突厥人等。此时的撒尔塔人已初步形成一个民族。《蒙古秘史》记载，13世纪初，成吉思汗“征撒尔塔兀勒凡七年”，大量的撒尔塔人被编入军队或被签发。深受兵燹苦难的“撒尔塔”人告别了腥风血雨、刀光剑影的故乡，朝着太阳升起的方向，逶迤前行，最后移居屯戍临夏东乡地区。他们善于经商，被称为“斡脱商人”，足迹遍布中亚、西亚、中国西北各地。继粟特人之后，活跃在丝绸之路上。

明代《河州志》记载，“考奇名于地志，与大夏而西通”，“黄河部落按康居”。东乡地区大量的生僻地名与撒尔塔地名或部落相对应。如东乡地区的甘土光、纳伦光、萨勒、库麦土、胡拉松及乃忙等地名，分别与中亚干土城、纳伦城、撒里普勒、土库曼、呼罗珊和乃蛮相对应。

东乡地名中至今保留着许多以工匠命名的村庄。如免古池（银匠）、托木池（铁匠）、阿拉松赤（皮匠）、坎迟赤（麻匠）、阿娄赤（纺织匠）、伊哈赤（碗匠）、毛毛（毛皮业者）等，这是为蒙古人民服务的撒尔塔“诸色人匠”活动的历史遗迹。

关于东乡族的来源和形成，一度观点分歧。有“吐蕃人为主说”、“蒙古人为主说”；有“沙陀人说”、“吐谷浑说”等。但最准确的还是“撒尔塔人为主说”。

“吐蕃人为主说”的主要根据，是把东乡县城锁南坝与历史上的吐蕃头人何锁南联系起来，从而演绎出的观点。此观点由于牵强附会，不长时间便销声匿迹了。

20世纪50年代对东乡族族源的研究，在一些蒙古族语言学家的主导意见下，产生了“蒙古人为主说”。这种看法主要是根据东乡族语言属于蒙古语族而得出的结论。这种观点流行了很长时间，并广为流传。

东乡语中有不少蒙古语成分，有些词汇、语言结构基本上是十二三世纪古蒙古语形式，因此在语言学归类中把它划为蒙古语族。

蒙古人建立的元帝国是13世纪的一个大国，蒙古人是撒尔塔人做买卖的对象之一。他们的衣物、日用品中许多是由撒尔塔人供给的。因此，蒙古语是当时做买卖的撒尔塔人也会使用的一种语言。在蒙古人取得统治地位以后，臣属于他们并为他们服务的撒尔塔人也会使用统治民族的语言。当然，他们在自己内部也使用自己的语言，近百年地使用蒙古语，东乡地区的撒尔塔人在语言上自觉不自觉地被蒙古化了，但还保留着自己语言特点，即阿拉伯、波斯、突厥语基础特色。

至于“吐谷浑说”和“沙陀人说”，由于提不出什么可信的理由，因此在提出不久就消失了。

通过对西北地区7个少数民族的ABO血型分布特点进行分析，从遗传学角度加以研究并进行遗传距离计算，得出与东乡族族源有关的以下几个结论：

东乡族与维吾尔族的ABO血型分布距离非常近。这表明东乡族与维吾尔族血缘关系接近。从历史学方面考察，维吾尔族的主要构成成分是突厥人；东乡族的形成过程中，中亚撒尔塔人中也有许多突厥

成分。

东乡族除与维吾尔族血缘最近之外，其次是与保安族接近，再次是与汉族较为接近，和蒙古族、藏族、裕固族的遗传距离较远。东乡族族源中也有汉族人的成分。东乡族生活于汉族密集的环境中，有一部分东乡人是从汉族中融入的，如居住在锁南坝地区的王家、康家、张王家和居住在汪家集的高家、黄家，都说自己的祖先是汉族。

科学研究成果与历史学、地理学、民族学综合研究成果互为表里，佐证了东乡族族源受蒙、藏等民族影响较小，更加证实了东乡族是以中亚撒尔塔人为主形成的事实。

进入21世纪以后，在东乡族的研究中运用了DNA生物遗传技术与遗传密码基因学说。DNA分析技术是进行民族识别和分析民族起源、迁徙、流转、融合的新兴科技手段。谢小东、王勋陵、安黎哲在21世纪初，从群体遗传动态的分析角度探讨了东乡族的民族起源和发展，为以科学的视角看东乡族族源提供了有益的依据。

从这次研究的遗传系统中可以看出：回族和东乡族在民族的形成和发展中有着相同或相近的渊源，且两族中有较大的白种人混杂。回族和东乡族人皮肤较白，特别是妇女比较白皙，而且人越老，越显出红里透白的肤色。可见，东乡族的族源中融入了阿拉伯人和中亚白种人，这一点与东乡族的形成历史相吻合。ABO血型和DNA遗传研究的突破，对东乡族的“撒尔塔人为主说”进行了有益的补充，从科学技术的高度进行了验证，为该说法提供了更为有力的证据。

东乡族撒尔塔人迁徙、创业的悲壮历史，铸造了其不屈不挠的民族性格，融进了民族的血液中，时时唤起其子孙的缅怀之情。

三、民族政权的建立

东乡族自称“撒尔塔”，历史上以“东乡回”或“回回”见称。历代统治阶级均未承认居位在东乡的“撒尔塔人”为独立的民族；在新中国成立后，才被定名为东乡族。

东乡族的社会结构开始是以封建生产关系为基础的封建制度。元末明初，直接统治东乡族地区的是哈土司及其所属的千户、百户。只有东乡何闫家是由何土司统治。以后土司的势力逐渐衰落，明朝开始在东乡族地区推行里甲制度，东乡地区划 10 里，100 甲。到清代康熙后期，废除了里甲制度，在东乡地区清理田亩，厘定税例，建立了会社制度和乡约制度。每会辖区若干社，社下有七八个自然村不等。乡约分总约、大乡约、小乡约。每个清真寺都有乡约。乡约名义上三年一换，但实际上连任 10 年甚至终身的也不少。辛亥革命以后，甘肃处于军阀割据状态。自 1921 年起，在东乡地区推行保甲制度，10 户为一甲，10 甲为一保，头目由当地头豪及宗教上层人士担任。

1949 年 8 月 22 日，中国人民解放军第一野战军第一兵团王震部，兵分两路，向东乡进发。南路从太子寺出发，翻越石那奴山，跨那勒寺沟，进妥家沟，抵达锁南坝；东路从原洮沙县北崖渡过洮河，进军唐汪川。锁南坝和唐汪川两地的各族人民，以东乡族最隆重的习俗，拉着身披红布挽着彩球的礼羊，出村迎接。唐汪川人民还将马步芳部队溃逃时丢弃在学校的柴火和数石粮食交给了人民自己的军队。

新中国成立以后，于 1950 年 5 月 12 日召开了东乡各族各界代表会议。参加会议的有临夏、和政、永靖、宁定（今广河）四县的党政负责人及四县边界交错地带的各界代表。会议确定了成立县级自治区（县）的基本原则，在协商一致的基础上，产生了东乡自治区筹备委员会。

在筹委会的具体组织下，大批干部深入农村，开展党的民族政策教育。各兄弟县区对此给予热情的支持。根据群众自愿的原则，从各县划出撒尔塔人聚居的地方，酝酿成立东乡自治区。经过三个月的细

致工作，以原临夏县东二区为基础，宁定县以北山山梁为分界线，将平善、罗牟区所辖各乡划归东乡自治区；永靖县将黄河以南、大夏河以东一带区域划归自治区，顺利解决了东乡族聚居区分而治之的历史问题。

此后不久，与自治区毗邻交错居住的和政县百和区、启明区的东乡族群众要求将他们并入自治区。东乡自治区政府同意了这一要求。各兄弟县、区在移交户口、人丁、地亩时，把在原地区工作的干部同时随调过来，使东乡自治区的成立得以及时顺利地进行。

东乡县文化馆提供

1950 年 9 月 25 日，东乡自治区各族各界代表大会胜利闭幕，正式宣布东乡自治区成立，从而结束了东乡族聚居区“分而治之”的历史。同年底，东乡自治区共辖 7 区，31 乡，共 16 400 户，98 600 人。其中东乡族 78 700 人。

1953 年，在国家民族识别工作中，东乡族被确定为一个新的独立的民族，由此东乡自治区改名为东乡族自治区。1955 年，根据新的行政规划，东乡族自治区改名为东乡族自治县。

1981 年后，国家民族政策进一步完善，规定东乡族自治县的人大主任、县长均应由东乡族公民担任，副主任、副县长中要保持一定比例的东乡族名额，这就使民族自治政策更加落实。以 1984 年的政府组成为例，县人大、县政府副县级以上的 8 名干部中，东乡族有 4 名，占到 50%。

1990 年 4 月 28 日，甘肃省第七届人民代表大会常务委员会第十四次会议批准《东乡族自治县条例》，使自治县的日常行政工作走上了有法可依的轨道。

2001 年后，撤乡建镇，先后将达板乡、唐汪乡、河滩乡、那勒寺乡改为达板镇、唐汪镇、河滩镇、那勒寺镇。2005 年 2 月，撤销免古池乡，该乡所属的大树、李牙两村并入那勒寺镇，团结、巴苏池、马场三村并入锁南镇，免古池、双树、五麦寺三村并入坪庄乡。至此，东乡族自治县辖锁南、达板、唐汪、河滩、那勒寺 5 个镇和春台、柳树、东塬、坪庄、百和、关卜、赵家、五家、果园、沿岭、汪集、风山、车家湾、高山、大树、北岭、龙泉、考勒、董岭 19 个乡。

按照民族平等原则，东乡族人民积极参与国家政治生活。在历届全国人民代表大会上，东乡族以我国多民族大家庭中平等一员的地位，都派出代表参加了会议。

第二节　历史的传承

东乡族自治县出土的丰富的古代化石，显示出历史上这里曾属亚热带气候环境，有茂密的森林和众多的动物。旧石器遗址更说明这里在近万年前就有人类活动的痕迹。有人类活动就必然产生文化，齐家

文化和辛店文化揭示了远古人们的朴实生活。

一、远古的遗产——化石

临夏州位于青藏高原的东北边缘，这里有地学界称之为第三纪（距今 6000 万～200 万年）的“临夏盆地”。当时，临夏盆地属于亚热带气候环境，湖泊星罗棋布，河流纵横交错。地壳交替变迁，形成 1500 多米厚的红岩层，中间夹杂着泥、砂、砾石，也夹杂着当时生息在盆地内的各种脊椎动物的遗体、残骸而形成的化石，被群众通称为“龙骨”。20 世纪 80 年代，群众把挖龙骨化石作为副业收入，使重要珍贵的文物流失严重。

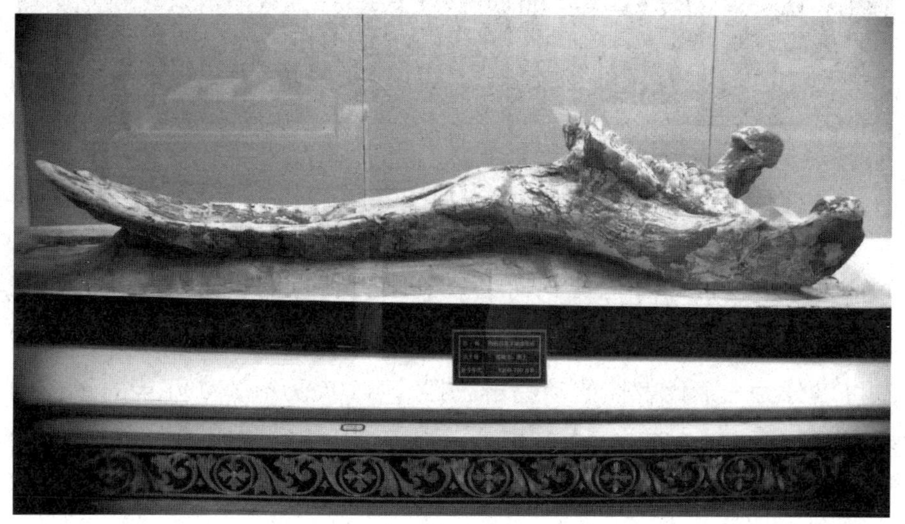

龙骨化石　胡亚泉摄

目前，在临夏盆地的第三纪岩层中已发现的脊椎动物有 9 大类 46 个属种，可称之为临夏盆地古动物群，其范围包括广河、东乡、积石、和政、康乐、临夏等地。东乡县境内有着丰富的古动物化石资源，其中坪庄结沟、那勒寺板土阴山、赵家龙蛋山等地曾出土大量的三趾马、古羚羊等古动物化石，具有很高的考古研究价值。这些看来既像石头又像骨头的东西，向我们展示了远古时代丰富多彩的未知世界。

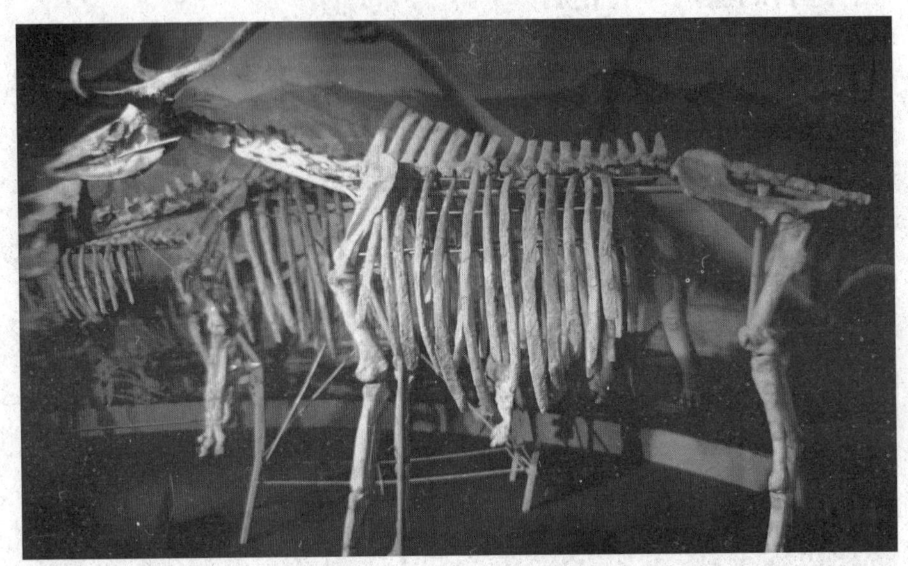

古羚羊化石 东乡县文化馆提供

临夏盆地晚新生代地层非常发育，在东乡尤为典型，地层序列从底部为早中新世的红色沉积向上直到早更新世的黄土沉积，已知从早中新世至早更新世的各个层位都发现了大量的哺乳动物化石，大致可以分为三个代表性的动物群：距今1100万～200万年的铲齿动物群；距今1100万～200万年的三趾马动物群；距今1100万～200万年真马动物群。令人惊奇的是，这些化石创造了世界之最：世界上最大的鬣狗；世界上最大的真马——埃氏马；世界上最大的三趾马动物群。

东乡族自治县境内先后发现的古生物化石出露点多达9处，其中有代表性的出露点有两处，分别位于那勒寺镇的班土村和坪庄乡的结沟村。曾出土过完整剑齿虎头骨化石的班土村古生物化石出露点，经甘肃省古生物化石研究开发中心有关专家现场考证，主要产于距今

1100 万～700 万年的晚中新世早期地层中，现有大唇犀、三趾马、啮齿类、陆龟、羚、鹿以及巨鬣狗古脊椎动物化石碎片产出；结沟村古

古羚羊化石 东乡县文化馆提供

生物化石出露点主要产于距今 500 万～170 万年的上新世地层中，其中发现的古动物化石有巨犀、羚羊等。赵家乡龙蛋山第四纪黄土地层中，有真马、日本鹿、猿猴头骨等化石产出，这是迄今发现的黄土层出土的古生物化石中种类最丰富、化石最完整的古动物群体化石，尤其是 1993 年 10 月在该地区出土的猿猴头骨化石等是举世罕见的灵长类动物群体化石，也是研究我国第四纪初期的古动物、古地理和古气候的重要资料。

1993 年 10 月，东乡县那勒寺乡的农民在赵家乡龙蛋山发现了一块猴头骨化石，一直在家中珍藏。2005 年 9 月，东乡县博物馆开馆时征集到这块长 17 厘米、宽 8 厘米、高 5 厘米，保存完整的猴头化石。经中科院古脊椎动物与古人类研究所、甘肃博物馆有关专家鉴定，为国内唯一现存的副长吻猴头骨化石，给它新定名为“甘肃副长吻猴”，是研究我国第四纪初期古动物、古地理和古气候的重要资料。

东乡龙蛋山先后共发现两种属于灵长类的猴类。目前在世界范围内只发现了 3 种副长吻猴。经中科院古脊椎动物与古人类研究所专家研究，东乡龙蛋山发现的长吻猴与过去发现的长吻猴都不同，尤其是牙齿的形态比较独特，因此给它定了一个新的种名“甘肃副长吻猴”。

据专家分析：甘肃副长吻猴生存的时代属第四纪早更新世，距今 200 万年。对东乡化石标本研究表明，当时的东乡龙蛋区域已从茂密的森林变为稀疏的草原，气候已从多雨炎热转变为寒冷干燥，这类猴为适应当时的气候环境，转化为一种摄食比较干硬食物的猴类。

东乡发现的头生四角极为罕见的长颈鹿化石，给古生物研究提供了珍贵的实物资料。据考古发现，那勒寺地方曾发现过铲齿象和剑齿虎化石。铲齿象是比较古老的象类，与现代象不同的是它的上颌的一对象牙比现代要小得多。而下颌的一对象牙宽而短，像两个大平铲，故而得名。它吃东西时不像现在的象那样用鼻卷食，而是用特别长的铲斗状的下颌在沼泽中挖掘植物。铲齿的锋芒所到之处，能将根须发达的植物连根拔起，然后借助上唇和舌尖放入口中。这是一类喜暖的象，多在植物茂盛树木繁密的湖岸活动。这说明当时东乡地域是处于古生物出没的亚热带气候环境。

在东乡出土的剑齿虎化石，2004 年在广州展出时曾引起轰动。这具化石长 2.06 米，高 1.76 米，牙特长，嘴巴张开可达 90 度，可见其凶猛无比。剑齿虎距今 500 万年，是现代虎的祖先，但此物种已灭绝。

目前，在东乡县博物馆共展出东乡县境内出土的古动物化石 76 件，其中有完整的犀牛化石、梅花鹿化石、鬣狗化石和龟化石，还有剑齿虎头骨化石，铲齿象下颌化石，三齿马头骨、肢骨化石，三甲羊头骨化石等。这些珍贵的古动物化石具有极高的科学研究价值。

二、旧石器遗址与马家窑文化

旧石器文化遗址。遥远的岁月虽已掩埋在厚厚的历史风尘之中，但它们并没有消失。1986 年 10 月，甘肃省博物馆同中国科学院古生物研究所专家来临夏考察，对东乡县锁南镇王家村进行考古调查，在王家沟门断壁下发现一处旧石器时期的文化遗址。这是河湟地区内迄今发现的唯一一处旧石器遗址，也是中国旧石器文化在甘肃最西面的一个点。该遗址的发现将临夏地区的人类历史提前了 1 万年，揭开了远古人类生活的神秘面纱，也充分说明了东乡地区是中华民族远古文化的发祥地之一。

王家沟遗址位于东乡族自治县锁南镇东南面深沟内的王家村，距县城 1.5 千米，遗址处在王家沟水库大坝下游西岸断崖峭壁下。遗址南北相距 80 米，面积约 500 平方米。共发现文化层两处：其中暴露的一处灰层长约 3 米，厚约 0.1 米，发现不少炭屑、兽骨、红烧土块等遗物；灰层下面是水积灰绿砂制黏土，灰层上覆盖着 8～9 米厚的分砂质黄色黏土层。经中国科学院古生物研究所土样化验分析，其地质年代距今约 15 000 年。灰层中间发现三件打制石器，其中两件为刮削器，一件为打制石器。

发现的三件打制石器，表明居住在这里的旧石器人类曾用来狩猎、制造木制工具。追捕野兽和采集，是这里主要的经济生活方式。从宽 3 米的灰层看，居住方式可能是洞穴生活，能使许多人在这里居住很长时间，以捕猎为生，没有大森林和良好乔木遗迹。刮削器是用来剥皮解肉的，皮可用来御寒。还看不出有农作物的迹象。发现的炭屑说明已经学会用火，已经知道熟食。红烧土块是用火长期烧食而成。500 平方米的面积，10 分米厚的灰层，表明这里是一处旧石器人类的定居点，居住规模不小，延续了较长时间。这表明，原始人从到处游荡的生活变成了定居的生活。灰层下面的水积灰绿粉砂制黏土，表明旧石器人类居住以前，这里是一片水域，存在了很长时间，后来水域走泄，成为平地。虽然水域走泄，但仍有充足的水源，使得这些人选择居住在此。灰层上面的8～9米厚的粉砂质黄色黏土层，说明此地又积水成湖，延续时间不下千年。

王家沟遗址处在三面环山的谷地，谷地延伸是出口。原始人类低下的生产力，不可能更多地克服当时的自然条件的限制，只能选择有利的地理条件居住，保护自己免受野兽的伤害。进出方便，食物来源丰厚的地方，是最中意的栖息地。

马家窑文化距今有5000多年历史，是黄河上游地区新石器时代晚期的文化，上承仰韶文化的庙底沟类型，下接齐家文化。因与临洮县马家窑遗址类似而得名。

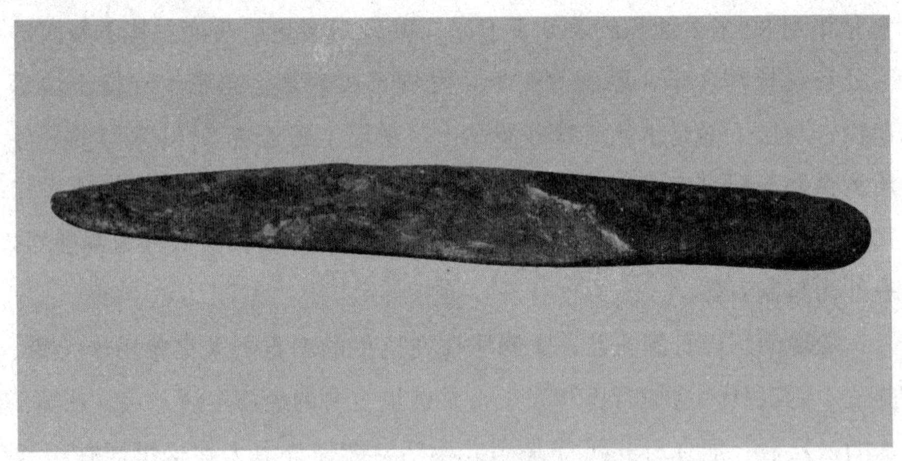

中华第一刀 李红华摄

林家遗址是国家级历史文化遗址保护单位，位于东塬乡林家村。1976年在林家遗址中发现了一把铜刀，堪称“中华第一刀”。这是一把短柄长刀。刀长12.5厘米，刀身薄厚均匀，经过激光微亚光谱分析，是一把含锡的青铜制器。它的发现把我国的铜制工具史提前了整

整一千年，是我国迄今发现的最早的青铜制器，也充分说明了东乡地区是中华民族最早开拓的区域之一。

林家沟遗址　马正亮摄

1977 年 4 月至 1978 年 4 月，甘肃省博物馆文物队、临夏州博物馆会同东乡县文化馆共同发掘林家沟遗址。该遗址地势平坦，高出河床约 100 米，隔河与临夏市上庄遗址相望，主要分布在破四格、秋梁地、阴洼坡子三处。总面积约 6.6 万平方米，这次挖掘面积达 300 平方米，发现马家窑时期的房层 27 处，制陶窑 3 个，灰坑 98 个，出土马家窑时期的石、骨陶、铜器 300 余件，并在冢室内陶器和灰骨中发现大量稷和少量粟、大麻子等谷物和油子。这表明在距今 5000 年前，这里已有农业生产活动。此外，还清理出齐家文化居屋遗址 3 处，墓葬 1 座，汉代木棺 1 座，唐代土洞墓 6 座。尤其是在该遗址中出土的一件铜刀，是我国最早的铜器，距今约 5000 年，为研究冶金史提供了新的宝贵资料，标志着马家窑文化已进入铜石并用时代，具有极高的学术价值。

马家窑文化彩陶表面光洁，陶底橙黄，以线彩绘，花纹瑰丽。彩绘多以平行线、曲线、交叉线、同心圆及涡形花纹组成各种图案，图案布局多根据陶器的形状设计。像细长的壶瓶，图案多横分层或两点状排列；大型彩陶器多层排列，各层花纹互不相同；小型往往通体绘满花纹，整体和谐统一，具有旋动回复的特点。由此可知，那时东乡古老的先民们就已具有等分、对称、回环等审美意识。边家林类型还出现网状纹格局，有些陶器上有动物纹，有些是动物肢体的组合，有的陶器上绘的鱼栩栩如生，相当逼真。林家沟遗址层层叠压的断层面，客观地证实了马家窑、齐家、寺洼文化分期的根据。

1976 年，州文物普查队调查发现了包牙坪遗址，同年东乡县革委会公布为县级文物保护单位。

包牙坪遗址位于东乡族自治县达板乡上科妥四十斤村，洮河西岸第二台地上，北至村边，南接七渡坪，东邻洮河，西接照壁山，面积 7 万平方米。遗址中暴露灰层多处，距地表 1～1.5 米，从灰层中采集的陶片分析，有盆、钵、瓶、壶、罐等器型，泥质红陶，均饰黑彩，纹饰有平行线、圆点、勾纹、网纹及变体鱼纹等。

在 1982 年复查中，由素沟断崖距地表 1 米处，发现残窑一处，附近有烧结釉块和大量的马家窑陶片。在同一断崖与残窑相隔 5 米，距地表 1 米处，还发现马家窑墓葬一座，有人骨，亦有彩陶片和粗陶片。另外，在磨石沟沿距地表 0.8 米处暴露一处灰层，厚约 1 米，长约 2 米，遗存有辛店文化陶片、炭灰以及凌乱人骨。

三、齐家文化与辛店文化

齐家文化是新石器晚期至青铜时代早期的文化，因首先发现于甘肃广河县齐家坪遗址而得名。上承马家窑文化，下接辛店、寺洼文化，其早期年代为公元前 2000 年左右，在临夏州内黄河、大夏河、广通

河、洮河沿岸都有分布。齐家文化是黄土高原经济开拓开发的第二次高潮。

1956年黄河水库考古队在刘家峡水库进行调查时，发现了张家嘴遗址。1959年10月，黄河水库考古考察队，对临夏回族自治州张家嘴村遗址进行复查和发掘。张家嘴遗址位于原永靖县河东乡张家嘴村。1958年在区域变动中，将永靖县大夏河以东和黄河以南的区域划入东乡族自治县境内，改河东乡为河滩乡。故将张家嘴遗址列入东乡县文化遗存。

张家嘴遗址地处张家嘴村，北邻台地，东为平坦的田地，西临黄河，南靠大夏河。张家嘴遗址发现窑穴92座，其中齐家文化6座，发掘灰沟3条，骨架1具，还有陶器、石器、骨器、铜等遗物。张家嘴遗址文化层的层次非常清楚，第三层即第二层下面为齐家文化的窖穴，出土物全是齐家文化的陶、石器。

齐家文化的陶器制造水平之高令今人叹为观止，主要的器型有侈口高颈深腹双耳罐和夹砂粗陶垂腹罐。有红铜或黄铜制造的斧、刀、锥，这些生产用具是打砸或精心磨制而成的，当时主要用于砍伐树枝、农业耕作、宰杀牲畜或缝制衣服。还有生活装饰品骨针、镜、指环等。另外常见的鬲、杯、盆、碗、壶等器皿是生活发展到一定程度的必需品。这些生产、生活陶制主要有三种：夹砂粗陶、细泥红陶和灰陶。部分铜器曾到北京或国外进行了展出，引起海内外学术界高度重视，给予很高评价。这些铜器或陶器的发现，充分证明了齐家文化时期已进入了青铜器时代，并且已进入初期奴隶社会。

齐家文化时代的人们过着相对定居的村社生活，主要从事于畜牧和农业生产活动。人以食为天，他们早已从原始获取中发现了粮食耕种和收割能得到无限的发展扩大，进而增强了家庭意识和农牧业生产意识。发现的农作物有粟和小麦，这些粮食的发现使今人看到了前人

的生活，使齐家文化和现代文明拉近了距离。家畜有狗、牛、羊等；从事农业和与农业有关的工具有石斧、石刀、石镰、骨铲等。可见这个时代人们逐步摆脱原始与愚昧，开始向文明生活迈进。

东乡地区被刘家峡水库淹没的齐家文化类型有红崖子村、扎木池村，还有河滩乡的他家河滩，达板乡的红柳滩、康家、甘崔家、四十斤、赤干齐及唐汪乡的张家、那勒寺乡的黄家坪等遗址。

辛店文化距今约3000年，比马家窑文化晚2000年，比齐家文化晚1000年，也称为西北地区青铜时代文化，以甘肃省洮县辛店村得名。临夏州内各沿河台地上均有分布。

辛店文化因1924年安特生发现于甘肃省临洮县辛店村而得名，年代距今约3000年。地处洮河流域的唐汪川第三台地上山神庙遗址表明，当时洮河水流经山神庙遗址下面，距遗址20米左右，为生活提供了方便条件。辛店文化类型的居民生活以农业为主，牧业次之。该文化的制陶业比较发达，主要手制，多采用泥条盘筑法，也有模制的，技术较熟练，涂陶衣，饰黑彩，绘纹图案协调。唐汪类型的陶器饰纹，最有特点的是接连不断的涡形纹、"勿"字纹，很像唐汪川里洮河水盘旋穿流的样子，表明古人绘画取材于当时现实生活。

唐汪川山神庙遗址是辛店文化的又一代表。1956年春天，临夏州东乡县唐汪川虎浪村群众在村西山神庙一带植树时，发现陶器19件，经甘肃黄河水库考古队安志敏调查研究，并发表《略谈甘肃东乡唐汪川陶器》的考古报告，将这一具有独特风格的陶器命名为"唐汪式"陶器，这是以东乡地名命名的文化类型。

山神庙遗址位于东乡县唐汪川虎浪村虎浪社、洮河西岸第三台地上，原山神庙所在地。唐汪山神庙遗址的西北面为唐家大沟，东南面是长斯巴沟，前面是关尖连沟，面积约1万平方米。遗址被水冲刷成地坎，在地坎上暴露出厚约1米，长4米左右的灰层。并留有大量陶

片，多为夹砂红陶，为涂红色陶衣、饰黑彩的单耳彩陶罐。绘有黑色涡纹和回纹的双耳罐、小口大腹罐和夹砂红褐衣附耳罐被命名为“唐汪式陶器”。

崖头墓葬也属辛店文化的代表。1977 年 9 月，甘肃省博物馆文物考古队对东塬乡东塬村崖头社进行挖掘、清理，发现了辛店文化墓葬。此墓葬面积约 1 万平方米，清理墓葬 4 座，为长方形坚实土坑墓，尸体仰直身，单人葬，头南足北，随葬品较少，置于足侧，未发现葬具。同时发现了辛店文化遗址，崖石上暴露的灰土层约 2 米，下面有房屋遗址，地面和墙型用红黏土草拌泥铺抹，房址内有木炭杂屑，是当时房屋被烧毁的遗迹。出土的陶器中有壶 11 件、罐 2 种，陶制较粗，均有彩绘，在一层红色和白色陶衣上黑红二彩并施。经分析比较，与县境内的张家嘴类型相似，是同一时期的文化遗存。在纹饰中的彩绘大体有四种方法：1. 用黑红二彩相间绘画；2. 先在器物上局部施以红色宽带陶衣，再在上面绘画；3. 通施红色陶衣后再用黑彩绘画；4. 两条黑线间添绘红彩构成图案。纹饰画案中涡纹、菱形纹、双勾纹及宽彩纹为主要纹饰，还有变形鸟纹、S 纹、重勾纹、斜线纹、X 形纹等，显得华丽纷繁。彩绘花纹别具一格，近似一对羊角的双勾纹与犬形纹是这个文化的重要标志。

解读这些带着泥土的不起眼的陶罐、彩绘，就会发现东乡地区在新石器时代丰富多彩的生产生活真实场景。

第二章

宗教信仰与社会生活

东乡族信仰伊斯兰教。锁南镇的清真寺、唐汪的清真寺都各具一格，尤其是韩则岭拱北十分有名。东乡土地上创立产生的教派门宦也有不少。东乡族虽然只有语言、没有文字，但其“土语小经”也曾多有使用。在民间文学艺术、体育、饮食文化上也有自己的特色。

第一节　伊斯兰教的传播

人们在探求撒尔塔人精神世界时，发现了他们那么神圣，那么庄严，在诸多社会生活中抽丝剥茧而呈现出民族特有的信仰魅力。

一、星罗棋布的清真寺

东乡族人民信仰伊斯兰教，信仰伊斯兰教的群众都称自己为穆斯林。伊斯兰教在东乡族的形成和发展过程中，不仅起到了至关重要的纽带和聚合作用，而且也是维系穆斯林群众坚韧生存信念的精神支柱。穆斯林把一生谨行“五功”视为自己生命的一部分，作为进行各种宗教活动场所的清真寺，在他们心目中有着尊崇备至的神圣地位。无论你走到哪个地方，即便在最偏僻的山乡村庄，只要是穆斯林的聚居点，

就必定有他们心目中的神圣殿堂——清真寺。

清真寺，阿拉伯语称为“麦苏吉德”，原意“礼拜的场所”或“叩拜处”，也是穆斯林举行宗教仪式、传授宗教知识的地方，是穆斯林宗教生活不可或缺的中心。自伊斯兰教传入中国，清真寺建筑走过了简陋朴实到庄严华丽的过程。最初的形式是周围有长廊的露天大院，后来根据当地建筑形式，修建了具有地域色彩的清真寺。一般情况下，清真寺建筑具有一定的格局，为“三堂一阁”的形式，即礼拜大殿、伊斯兰经堂、水堂和唤醒阁。

东乡清真寺　马正亮摄

礼拜大殿是清真寺的主体建筑，也是清真寺的核心。一般情况下，采用中国传统的宫殿建筑。在东乡一带，中等以上规模的清真寺，一般采用前卷后殿、明脊暗卷、挑角飞檐、描檩画牵格局。这种形式称

之为“凤凰单展翅”。在开间上可根据当地经济实力和大小而采用“三间转五”或“五间转七”规格。所谓“转”即大殿两边各有半间，与主殿相倚，可作为穿廊，使更多的礼拜者入殿礼拜。根据教义规定，大殿建筑一般坐西向东，不可变更。大殿之内，正面墙体中，砌拱形壁龛叫“迈克菲勒”，标志着礼拜的朝向。穆斯林礼拜时，领拜者站在壁龛前带领礼拜。殿内“迈克菲勒”西北，修造有结构精巧、雕镂华美的小阁楼，叫“虎图拜”楼，是阿訇在聚礼和礼拜时宣讲“劝谏词”的讲台。礼拜殿内铺设有拜毡和地毯，供礼拜者跪拜之用。

经堂，也称学堂，即伊斯兰经文学堂，是供阿訇开学教授满拉之处，也是寺内讲经之所。根据清真寺的规模，分经文大学和经文小学。一般清真寺只有小学，是穆斯林宗教启蒙的教育之所，供教坊的小孩们念经和进行一般宗教知识教育。较大的寺坊和经济实力雄厚的清真寺不但设有经文小学堂，还设有经文大学堂，主要是培养伊斯兰教职人员。入经文大学堂念经的满拉，一般已都规定了接纳经文大学堂的满拉名额，这叫作“学口”。“学口”之外的大满拉入寺念经，需自理伙食。

水堂是穆斯林礼拜沐浴净身之所。有汤瓶和热水供应，建筑规模以寺坊大小而定。

规模较大的清真寺，在寺内还有望月楼，供斋月期间看月并决定开斋时间。

各清真寺的建筑规模大小不同，建筑风格也各具特色，大体可分为三种类型：一种是阿拉伯式的穹顶廊柱型，如东乡县唐汪清真大寺等，有淡绿色的大小圆形拱顶和白色的水泥大圆柱，再配以阿拉伯文字、几何图案等装饰，看上去十分宏伟壮观、富丽堂皇。另一种是富有中国情趣的传统古典建筑，如大礼拜寺等，错落有致的飞檐翘角和古色古香的宫殿式庭院，绿瓦红柱映衬的墙上配有精美砖雕、木雕和

彩绘图案，大殿主要配殿都是大木起脊式建筑，斗拱屋顶带前卷及后殿，显得格外古朴、宁静而庄重。还有一种是中西合璧式的，即由阿拉伯装饰风格和中国传统的古典建筑风格相结合，显得古朴高雅、颇具特色。

无论其样式有何不同，但所有的礼拜大殿都必须严格遵循伊斯兰教的基本原则：坐西向东。伊斯兰教规定，其信徒无论身居何处，做礼拜时都必须面向圣地“麦加”的方向，而中国位于麦加之东，所以应向西行礼。每座清真寺的顶端上方都建有一串“宝瓶”和一弯“新月”，这是伊斯兰世界的共同象征。伊斯兰教绝不供奉偶像，所以清真寺的大殿内无论是华丽也好淡雅也好，图案大都是以优美的古兰经文装饰，故而显得淡雅、柔和而又不失庄重。尤其值得一提的是，东乡的清真寺大都在礼拜大殿内外墙壁上刻有砖雕、木雕，有些还绘有彩绘、《古兰经》文浮雕，充分体现出浓郁的地方特色和民族特色，中式园林清静幽雅的意境给古城东乡增添了亮丽光彩。

现在由于交通方便，信息传播也比较迅速，国外建筑特色也逐渐传入国内。如中亚、西亚一带阿拉伯穹庐式屋顶形式在清真寺建筑中多了起来。这是一种文化交流，也丰富了中国传统的建筑形式。

东乡最有名的清真寺为锁南清真寺，坐落在东乡族自治县县治锁南镇，相传建于清光绪年间。锁南清真寺位于锁南坝山塆中，寺旁有两株古松，高耸入云，匝地而起，显得宁静清幽，周围房舍簇拥，梯田如画。礼拜殿为传统宫殿式建筑，正殿 7 间，后殿 5 间，前卷棚 7 间，建筑面积 4000 平方米，可供 1000 人礼拜。礼拜殿北面建有三层六角形唤醒阁，是锁南镇最为宏伟的伊斯兰教建筑。

二、韩则岭拱北

拱北是阿拉伯文的音译，原意为“尖顶圆屋建筑”，是中国穆斯林对教内教派始传人、依禅首领，以及门宦的道祖、老人家、教主等贤哲陵墓的专称。这些拱北一般都由墓主人的继承人或亲属管理，大多设有管家、账房和勤杂等管理机构，负责接待教民，收受捐赠，维护陵墓，应酬参观访问者等。拱北财产属全体教民，但其支配权、使用权只限于拱北的主管人。

东乡伊哈池拱北　马正亮摄

拱北的建筑一般由八卦、亭子、墓庐、照壁等几部分组成。墓庐是砖砌的长方形“拱子”，约二尺宽、四尺长，下方上圆。八卦建在墓庐的上方，一般是八角形或六角形，有三层也有两层、一层的。第一层多是砖混结构，有砖雕，内容主要以飞禽走兽和花草果实为主，有龙凤、麒麟、虎、鹿、狮、松鼠、蝙蝠、鸳鸯以及梅花、菊花、荷花、牡丹、松树、竹子、石榴、桃、葡萄等。组成龙舞云海、虎行山岗、狮子滚绣球、百鸟朝凤、竹叶长青、鸳鸯戏水等图案。第二、第三层多为木质结构，飞檐翘角，雕梁画栋，上有木刻和彩绘，刻有桃、荷、

牡丹、葡萄、古兰经文、宝剑、香炉、汤瓶等，八卦顶部有宝瓶。亭子多建在八卦南面，紧连八卦，是人们拜谒贤哲的地方，亭子内也有木刻和彩绘。八卦附近还有照壁，多建在北面或南面，照壁多以砖雕作为装饰。

东乡地区著名的拱北有韩则岭拱北、北庄拱北、大湾头拱北、红柳拱北、伊哈池拱北、高山拱北、峡口拱北等。

韩则岭拱北始建于1425年，墓主人为元朝至元六年（1340年）来中国传教的阿拉伯先贤哈穆则，于明朝建文二年（1400年）八月十六日归真后，葬于东乡龙家山。为纪念他，其后裔和信教群众把龙家山改名为哈穆则岭，在此修建了拱北，称哈穆则岭拱北，后因汉译便叫成了韩则岭拱北。清康熙二十八年（1689年），大拱北创始人祁静一手书为拱北命名为“万寿亭”。现占地3亩，砖木结构，三层八卦1座，亭子3间，房屋13间。

哈穆则，出生于1310年，阿拉伯人，后迁居中亚。哈穆则精通阿拉伯文、波斯文，对伊斯兰教造诣颇深，学问很高。来到东乡后，为人热情又乐于助人，受到东乡人民的广泛爱戴。他在东乡坪庄的韩则岭教满拉、领礼拜，并把原在东沟的清真寺搬到龙家山梁上，进行扩建，取名为大礼拜寺。大礼拜寺是西北最早的清真寺之一，规模宏大，富丽堂皇，大殿里能容纳上千人礼拜。

哈穆则除了在大礼拜寺教满拉、领礼拜，过正常的宗教生活，还依据《古兰经》处理百姓与百姓、村庄与村庄之间的各种矛盾，被群众尊称为“哈的大师”。元至正十年（1350年），元朝统治者任命他为“宁河工甲匠达鲁花赤”，统领附近十多处工匠机构。

明建文二年（1400年），哈穆则去世，享年90岁，后人们将他安葬在龙家山。东乡族人民为了纪念他，将龙家山改名为“哈穆则岭”，即韩则岭，并在此修建了拱北。

韩则岭拱北属于陵墓式拱北，拱北的主体建筑由前厅和八卦、陵墓等组成。八卦左边照壁的背墙后镶嵌着书写有“哈穆则巴巴为首率领四十弗格勒。公元1340年”汉字的石碑砖雕，八卦四面墙上绘有龙、凤、麒麟，还有日月图为主的图案。

拱北内还保存着一本有千余年历史的手抄本《古兰经》，长48厘米，宽34厘米，厚9厘米，牛皮封面上压着带有印花的清真言印，每页经文11行，除前后几页因长期诵读而出现页边破裂和缺失，后经后人裱糊和补抄外，基本保存完好，字迹清晰。成为研究东乡族源流的实物佐证。曾有伊朗学者来拱北观瞻看到该《古兰经》说，此经是源自伊朗的手抄本，伊朗目前有一本一模一样的《古兰经》。

据传，这部手抄本《古兰经》是东乡族的先贤哈穆则在元朝末年从撒马尔罕长途跋涉来东乡时带来的，是目前发现的东乡族保存时跨千年的一本《古兰经》，也是中国境内现有的最古老珍贵的《古兰经》之一。现在，不时有国内外的伊斯兰文化学者慕名而来，观瞻拱北和《古兰经》。

牛皮古兰经　胡亚泉摄

大湾头拱北：大湾头拱北位于东乡族自治县北岭乡湾头村，始建于清代初，历经多次修建、扩建。1982～1985年，经再次扩建，占地3亩，建有砖木结构八卦亭16间，墓主人为库不忍耶门宦10代掌教人和贤哲。

三、伊斯兰教及教派门宦

东乡族为全民信教，都信仰伊斯兰教。在民族形成中，伊斯兰教起到了直接的作用。东乡族群众的宗教信仰三大教派、四大门宦俱存。而在东乡贫瘠的土地上创立产生的教派门宦有伊赫瓦尼教派和北庄、库不忍耶、胡门、高山门宦。

伊赫瓦尼教派：伊赫瓦尼教派创始人马万福（1849～1934 年），东乡族，经名奴海，字子西，东乡县果园乡果园村人，人称“果园哈智”或马果园，著名阿訇、经学大师和社会活动家。

马万福自幼熟读《古兰经》，24 岁学成“穿衣”，成了年轻有为的伊斯兰教学者，先后在多处清真寺掌教开学；37 岁赴沙特阿拉伯的麦加朝觐；1892 年回国，在湖北的老河口讲学传教，传播新教教义。他提出“遵经改俗，凭经立教”的口号。清光绪二十一年（1895 年），马万福发动伊赫瓦尼教派参加了河湟地区反清斗争，遭镇压。马万福被迫离开河州前往陕西、新疆，继续从事他的宗教改革。新疆都督杨增新立刻下令逮捕马万福，后押送兰州。

1918 年正月，马万福被装入木笼囚车，从哈密押往兰州。西宁提督马麒派人从平番（今永登）将其劫回西宁。马万福有了政治依靠和地方政权的支持，更加致力于传教事业，使伊赫瓦尼在西北乃至全国的穆斯林中迅速发展和壮大。1934 年 9 月，马万福殁于西宁，享年 86 岁。

著名的历史学家，回族学泰斗白寿彝认为：“他品德高尚，激动了更多人的心。”“马万福这种伟大的感召力，是他的主张成功的最好保障。”中国伊斯兰著名学者和阿訇王静斋说：“在当今回教文化史上打破旧纪录者，当数甘肃马万福，此公虽不谙国学，而于改正本教旧误，发展回教新的文化上，有极大的努力。西北阿訇之率真派，多出自此者门下。一生虽无译著遗留人间，而务实立行，厥功甚伟”。《中国伊斯兰百科全书》、《回族人物志》、《青海省志》、《甘肃省志》、《临夏州志》、《东乡县志》都有其传记。

北庄门宦：属虎费耶门宦，创始人马葆真（1772～1880年），东乡族，经名豪木钗，东乡族自治县春台乡北庄村人。马葆真出身于一个农民家庭，起初在本村清真寺念阿拉伯文，接受启蒙教育；以后，他在八坊寺王寺从师于漫山门下，进而在花寺深造，早起晚睡，潜心钻研，学业日精。

嘉庆五年（1800年），马葆真28岁，听说学问更深、德行更高的穆罕默德第32世后裔舍赫乌尼亚在新疆莎车传教，便专程前往新疆拜师求教，尊其为师长，从学一年，深得五功（念、礼、斋、课、朝）、七众（凡七天一次主麻日）、二会（即开斋节与宰牲节）的奥义和修身、立命、显性的学问，一年后回到东乡。回到家乡后，马葆真开学讲经。他学问深，讲经透彻。嘉庆十七年（1812年），40岁的马葆真和井沟马开泰第二次去新疆莎车道堂，求见舍赫乌尼亚。舍赫乌尼亚见马葆真学识好，求教虔诚，将马葆真收为弟子，将虎夫耶的主张和干功要点尽传给他，并命他去麦加朝觐，完美功课，然后再去传教。

嘉庆十九年（1814年），马葆真翻高山、越戈壁，风餐露宿，历尽千辛万苦，到达麦加，完成了天命功课。回来后，大力传播虎菲耶教理，创立了北庄门宦。马葆真殁于清道光六年（1826年），享年54岁。清光绪八年（1982年）修建了拱北，有墓亭、静室、大门等建筑物，并立有《北庄追远亭碑记》石碑一通，由刘翼武撰文，马中律书丹。碑文记述了马葆真生平事迹及赴新疆叶尔羌求道与创立北庄门宦的简要经过。

胡门门宦：属虎菲耶系统，创始人为马伏海，东乡族。生于清康熙五十四年（1715年），今东乡族自治县达板镇红泥滩人。马伏海6岁

时被其父送进本村清真寺念经学阿拉伯文，12 岁出外拜师求学，长达 8 年之久。由于他聪慧好学、悟性高，学识日渐渊博，学业长进很快，19 岁时基本通达了阿拉伯文与波斯文的经典，对伊斯兰教基本教理教义有了较深的了解和感悟。在强烈的求知欲望支配下，清乾隆十二年（1747 年），徒步来到陕西，拜西安崇文巷化觉清真寺王尕锥阿訇为师。在 3 年学习生涯结束后，于乾隆十四年（1749 年）斋月返回故里。本教坊八村学董、乡老和有名望的老人建议，把他一家从那奴山庄搬到洮河川里的红泥滩来住，让他专心宣扬伊斯兰俩目教门，施展才能。经过商量，大家一致同意把马伏海一家安置在红泥滩康家村，达板、陈家的民众也纷纷支持。从此，他以传播、振兴伊斯兰教为己任，在家乡开始了传教活动。

马伏海讲经，明义通理，深受教众欢迎，拜他为师的人越来越多。他以红泥滩为起点，开始向东乡以外的广河、和政、康乐等地传教，影响越来越大，使达板红泥滩成了胡门门宦的发祥地。

库不忍耶门宦：创始人张玉煌，经名穆呼引的尼。传说穆呼引的尼少年时代在巴格达求学，潜心研究伊斯兰教苏菲派学理，学成后开始传教。相传他先后三次来中国传教。在第三次来中国传教时，途经新疆、青海到甘肃。当他来到东乡北岭大湾头时，当地张姓群众送给他 9 亩地。从此，他从一个侨居的传教士，变成了自耕自食的东乡人，并取姓为张，名玉煌。张玉煌在他创建的大湾头清真寺任教长，病故后葬在大湾头，故该门宦被称为“大湾头门宦”，也叫张门门宦。其子孙传袭至今已有 11 辈。第 11 辈教长为张明义。

张玉煌及其以后的 10 辈老人家，都把“劝人为善、禁人干歹”作为基本信条加以遵从和履行。张玉煌只身从波斯来到中国东乡地区，带来的东西十分简陋，生活极度艰苦，语言又不通，只能用波斯语、阿拉伯语念诵经文。当时，语言不通是与纯汉族地区的大湾头人进行交流的最大障碍。因此，他边学习汉语边传教，禁绝烟、酒、赌博，救济穷人，乐于助人，言教与身教并行，模范的举止行为感动了大湾头的汉族群众，许多人因此都皈依了伊斯兰教。

高山门宦：属虎费耶门宦，创始人为马哈三，东乡族，东乡县高山乡岔巴村人。马哈三品德高尚，学识渊博，在众教民中有很高的威望，被人们尊称为“贵太爷”。马哈三幼年时到清真寺念经，聪颖好学，品学兼优，通晓波斯文、阿拉伯文和伊斯兰教经典。从青年时代就开始传教，至清乾隆三十五年（1770 年），他的教徒从高山、那勒寺等地发展到免古池、坪庄、大树、达板、汪集、赵家等地。

马哈三晚年在那勒寺郭泥沟静修，于清乾隆三十五年（1770 年）农历腊月初五去世，享年 89 岁。起初葬于郭泥沟，后迁至高山岔巴，因此有两处拱北。

第二节　非物质遗产和文化

东乡族有丰富的非物质文化遗产。目前启动的民族民间文化保护工程使非物质文化遗产得以传承。服饰是民族的重要特征；东乡“花儿”更是人们百听不厌的地方民歌。

一、丰富的非物质文化遗产

华丽精美的珠链披肩、古朴大方的手工毡靴、巧夺天工的钉补茶碗、优美动人的叙事长诗和传说故事……这些民族民间文化遗产，展示了东乡族独特的民族文化和浓郁的民族风情。近年来，东乡族自治县竭力搜集、抢救和整理民族民间文化遗产，使古老的民族民间文化重新展示出其独特的魅力。

东乡族传统的手工艺技艺，2008 年被国务院列入为国家级非物质

文化遗产名录，擀毡是其中的一项。北方人素来喜欢睡土炕，羊毛毡隔潮保暖，铺在炕上很舒服。东乡族群众擅长养羊，毛毡的使用极为普遍。因此，过去擀毡在东乡族中十分盛行，男人们几乎人人精于此道。

擀毛毡工艺　东乡县文化馆提供

随着社会的发展，时代的变迁，制毡工艺受到现代文明的冲击，东乡族擀毡工艺的部分程序已逐渐被机械化代替，床上用品被其他类型的制品所代替，再加上多数艺人外出打工，制毡工具几乎绝迹，从事擀毡工艺的人越来越少，现有的手艺高超的把式年事已高，有的相继去世，有些绝技难以得到传承，东乡族擀毡工艺濒临失传，擀毡技艺后继乏人。在政府的扶持下，北岭乡擀毡艺人马舍勒在龙泉集市建立擀毡工艺手工作坊，用于传承和发展东乡族擀毡工艺。擀毡传承人马舍勒，北岭乡前进村村民，16 岁从父学艺，每年农闲时节，带上两三个帮手，走村串户，从事擀毡技艺，养家糊口，直到 2004 年，他在龙泉集市建立了擀毡手工作坊，专营毛毡加工。2008 年，马舍勒被批准为国家级非物质文化遗产保护项目东乡族擀毡技艺省级传承人。

东乡族钉匠工艺，也是被列入国家级的非物质文化遗产。东乡族钉匠工艺是东乡族特有的传统手工技艺，由东乡族先民“撒尔塔”人从中亚传入，至今已有七百多年的历史。到民国期间，东乡族钉匠工艺进入鼎盛时期，尤其是锁南、龙泉、坪庄、春台一带的钉匠工艺最为有名。在东乡地区，专门补钉细瓷、眼镜、铁锅的手工艺人叫钉匠。其历史悠久，技艺精湛，用途极其广泛。钉匠多以挑担在集市上设点摆摊为业，有时走村串户，维持生计。钉匠又有焊补和钉补之分。焊补主要用于铁、铜器的修补；钉补主要用于细瓷和眼镜的修补，钉补后瓷器除有微小的裂痕外与正常无异。随着社会的发展和现代文明的冲击，钉补越来越少，只有少量的名瓷文物，贵重的眼镜等进行钉补，从事钉匠工艺的艺人不断减少，几近失传。所以，发掘、抢救、保护东乡族钉匠工艺，对于弘扬优秀的传统文化，具有重要的意义。根据非物质文化遗产保护工作的精神，县政府安排文化馆征集收藏传统钉匠的工具，并扶持锁南镇马厂村钉匠艺人妥福才，在锁南集市设立固定摊位，以传承和保护东乡族钉匠工艺。

东乡族叙事诗《米拉嘎黑》，系东乡族民间故事，又名“月光宝镜”，流传于甘肃省东乡族地区，由赵燕翼搜集整理。传说在古老的年代，一位英俊出色的猎手米拉尕黑，用箭射下一片月亮，得到一面月光宝镜，而镜中留有一位叫海迪亚美女的身影。米拉尕黑得到智者的指引，找到了海迪亚，以宝镜做媒证和聘礼，约定第二年完婚。但就在他们准备举行婚礼时，战争发生了。米拉尕黑跨马出征，抵抗入侵

的敌人。当米拉尕黑远征时，财主恶少马成龙请来魔鬼给海迪亚喝下迷魂汤。战后米拉尕黑赶回戈斧山，而海迪亚已失去记忆。米拉尕黑得到智者和风雪宝驹的帮助，在马成龙娶亲时救出海迪亚，并且用他们彼此相爱的往事和月光宝镜唤起海迪亚的记忆，一对经过重重魔劫的情人，在玛瑙河边举行了婚礼。故事具有传奇性，情节曲折，生动感人。东乡族诗人汪玉良以此为题材，创作了叙事长诗《米拉尕黑》，是东乡族民间文学中的优秀作品。

东乡族自形成之时就在民间产生了一些民间故事、儿歌、拜提、谚语、童话等口头文学。东乡族口头文学以他特有的艺术风格反映了东乡族从古至今各个历史阶段的社会实践、思想感情、美好理想和民族心理状态。东乡族用东乡语为载体传承下来的口头文学，既有古老的民间故事、英雄史诗、传说，又有儿歌、谚语，还有高亢嘹亮人人会唱的“花儿”等。形式多样的口头民间文学以其特有的艺术风格从不同角度反映了东乡族各个历史阶段的社会实践、思想感情、美好理想和民族心理状态。用东乡语演唱吟诵的民间叙事长诗至今尚在流传的有好几首，在东乡族群众中影响很深。在日常生活中流传的许多口传故事，流传至今的已经很少了。

民间口传的故事是人们对历史的艺术记录，它从纵横两方面反映了民族的历史和人民的生活，具有重要的历史价值。挖掘、抢救、保护东乡语刻不容缓。

二、多彩的民族服饰

东乡族在长期的历史演变过程中，虽然和周围的回、汉等民族联系密切，但无论从生活习俗还是服饰都保留着自己民族的独特之处。

女子服饰：以前东乡族的妇女爱穿一种有领圈、大襟和宽袖的绣花衣服，袖子宽大，袖口上镶一道花边。下穿套管，裤管镶两道花边，裤管的后面开小衩，用飘带束住脚管。逢喜庆大事，穿绣花裙子。当时妇女的上衣还流行假袖，是用各色布缝成数段，并在假袖各段绣有花边。后来，妇女的服饰逐渐变化。衣着都是藏青色或黑蓝色布衣；青年妇女穿红的或绿的，上衣宽大，齐膝盖，大襟在后边，并外加一件齐膝的坎肩，长裤一直拖到脚面。

东乡族妇女们的服饰比较考究且别具一格，尤其是旧时那些中产以上家庭的妇女，在上衣的圆领边及中长式的衣服大襟上普遍喜欢绣花，袖子又宽又大，沿袖口处要滚上一两道绣花边。东乡族妇女下穿长裤，裤管同样也要滚上一两道绣花边，裤管的后面开一小衩，用丝带束住脚管，其形状有点像“灯笼”，看上去显得妩媚秀丽，极具西域民族风情。每逢佳节，妇女们讲究穿长及脚面的绣花长裙。她们把这种绣花裙子叫作“过美”。脚穿带后跟高寸许的船形绣花鞋，并且当时一般不戴盖头，只包块头巾，发髻上插有头饰，胸前喜欢佩戴项圈等各种银制饰品，显得高贵而典雅，姣美而动人。至今，东乡族妇女们仍十分喜爱刺绣，许多女子擅长绣花。女子到了出嫁时，便会为自己绣出枕头、鞋垫、床单等陪嫁生活用品。

东乡族妇女服饰　马忠华摄

东乡族中年妇女服装颜色单一朴素，多半是藏青色、黑色、灰色

等布料制成；青年妇女喜穿红色、绿色。20世纪60年代以前的布料多为本民族手工制成的褐子；现在布料品种及花样很多。冬季穿棉袄、棉裤，一般都戴盖头，长至腰际，头发及脖子全被遮住，只露出面孔，这种服饰是20世纪30年代新教传入东乡时将伊斯兰教服饰观（即遮盖羞体，伊斯兰教将已婚妇女除脸部和手部以外部位都视为羞体，包括头发）加以推广后形成的。盖头是东乡族人民的创造。盖头由三片组成。一片像纱巾一样从头苫到腰际，增加两片从额部、两面颊至下巴处连起来，既保住了羞体，又可以系住盖头，风吹不掉，即使剧烈的劳作运动，仍能牢牢地固定在头上，非常适宜于大风劲吹的黄土高原上生活、劳作。盖头分绿、黑、白3种颜色。女孩子在7～8岁时开始戴绿盖头；青年妇女一般戴绿色、黑色盖头；老年妇女戴白色盖头。盖头布料一般多为绸缎、麻和丝织品、纱绒等。由于宗教派别的差异，有的妇女在家和外出都不摘盖头；有的一般在出门时才戴，居家时常戴一顶线织或白布缝制的便帽。

东乡族妇女的服饰也随着时代的发展发生了较大的变化。中老年妇女大都穿黑蓝色或藏青色衣服，青年妇女也有穿红戴绿的，上衣宽大齐膝盖，并且大多为对襟式的，袖长及手腕处，有时也到脚面。居住在城市的东乡人服饰又有不同，新婚女子不再戴白帽子、绿盖头，取而代之的是阿拉伯式的长头巾和新疆式的小方丝巾等，颜色各异，款式多样。

男子服饰：东乡族男子服装比较简便。春秋季节一般穿着为上衣中间开口，一排整齐的布条的核桃扣，领高寸许，裤齐腰踝，与汉族男子所穿小裤褂无大区别。到冬天寒冷季节，则披上一件羊皮袄，一般不挂面子。羊皮袄分长、短两种，长的与大氅差不多，短的与短褂相似，都是斜襟。穿短皮袄，多系一条布腰带，干活轻便自如。过去，穿褐褂的较为普遍。褐褂都是用羊毛自制而成。织工精细的新褐褂，可与呢子相媲美。褐褂也分长短两种。短的一般在日常劳动时穿；长褐褂则用来串亲访友或是上清真寺做礼拜时穿。

民国时期东乡族男子多穿宽大的长袍，束宽腰带；腰带上挂有小刀和眼镜盒之类的物件。头戴平顶软帽，黑、白两色。中年人和老年人喜穿长袍和“仲白”。“仲白”似维吾尔族的对襟长服，一般用黑布和灰布缝制，穿用时，要整齐净洁，会给人一种端庄朴素之感。随着时代的发展，改为短中式外套、中式制服和黑色布大衣等，头戴平顶黑或白色圆号帽，也有用六块布缝成的黑色号帽。在有些地方老年人到清真寺做礼拜时，不仅穿戴礼服，而且一般头上都戴一种叫“台丝达日”的缠巾，一般用白纱、黄纱或是白绸、黄绸制成。

东乡族男服饰　李红华摄

现在，男子多戴平顶“礼拜帽”，穿白衬衣，外套黑坎肩。大多数时间，男子服饰与周围汉、回族所穿服饰基本相同，中山装、西装、夹克衫等较为流行。男子不蓄发，喜留胡子。一般很难从穿着及其服饰上判断他到底是回族还是东乡族，只有在传统节庆活动和民族影视舞台中才能偶尔看到传统而古老的东乡族服饰。

在城市的东乡人中，男子的“仲白”已成为老年人和念

经人专属，年轻男子上寺或者去拱北极少穿“仲白”，而更多的是穿西服、夹克衫等便装。

三、美妙的东乡“花儿”

花儿山歌是我国传统的民间音乐之一，是珍贵的口头传承的非物质文化遗产，属于世界级非物质文化遗产。花儿不是一个孤立的歌种，而是有着强烈地域性的音乐文化。它流行于以甘肃、青海、宁夏为中心地区，波及新疆东北部、陕西西部、四川北部、西藏东北部的部分地区；汉、回、东乡、保安、撒拉、土、藏、裕固八个民族，都有自己的花儿。这些花儿既有各自的特点，也有着这一广大流行地域的音乐共性和音乐基因，显示出鲜明的地域音乐文化面貌和文化价值。

花儿的演唱会场的传统称谓是“唱山”或“山场”，把参加花儿会叫“浪山场”。即使一些在川区和河滩里举行的大型演唱活动，人们也以“山场”统称之。传统花儿会历史悠久，分布在花儿盛行区。甘肃和政县松鸣岩，永靖炳灵寺，临夏市、县交界处的拦家庙等传统花儿会，以参加的人数众多、演唱的规模宏大而闻名。

新中国成立前，东乡“花儿”被视为“淫词荡调”，受到限制，只许在山间田野“避背”的地方去唱。新中国成立后，“花儿”逐步被搬上了文艺舞台，用“花儿”歌颂新生活、歌唱社会主义、民族团结、勤劳致富、改造山河、自由恋爱等。在过去花儿的传唱者还有那些成天泡在水上的撒拉族、回族、东乡族的脚户、筏子客和擀毡匠。他们凭借脚力上口外、下川陕，把花儿带到了新疆、宁夏、陕西、四川。

东乡“花儿”属河州“花儿”体系，是东乡族民歌中的瑰宝。“花儿”是东乡族人民生产生活的真实写照，也是人们对自身喜怒哀乐、悲欢离合的表达。他们在劳动时唱、在休闲时唱、在生气时唱、在高兴时也唱，是一种即时表达自己情绪的高雅方式。许多群众自编的花儿，言简意深、文采横溢，成了传承文化、丰富语言的很好工具。

“花儿”又称为“少年”，而“少年”这个字眼，从一个特定的角度，明白无误地点明了爱情“花儿”所表现的一个特征：即赞美绚丽的青春。如：

红嘴鸦落了一河滩，
咕噜雁落在了草滩。
拔草的尕妹一塄坎，
活像是一山的牡丹。

东乡“花儿”的内容丰富多彩。有传统的、经过锤炼而流传下来的歌词，也有触景生情、随口而出的即兴之作。“花儿”的结构分为前后两段。前段多为比兴，也有借韵的；后段才是歌唱的主要内容。歌词基本上为四句一首。东乡“花儿”作为民间口头的歌唱艺术，在编创构思时，注重运用兴、比、赋的手法。

东乡“花儿”的令调有长令和短令。长令拖腔长，速度慢，花腔多，有高亢悠扬的特点。短令拖腔短，节奏明快，刚健激越。东乡“花儿”中最具代表性的曲令有“河州大令”、“尕马儿令”、“大眼睛令”、“脚户令”、“绕三绕令”及“东乡令”等。

如东乡族花儿歌手马金山唱的东乡令：“心急者眼皮跳了”。

花花的麻雀们连声地叫，
心急着眼皮们跳了，
昨晚上睡梦里梦着了，
今个子我你哈见了。

宴席曲是在喜庆（如乔迁）日子演唱的一种民歌，多用汉语演唱，曲调舒缓悠长，歌词内容多为祝贺、庆贺及劝人为善、家庭和睦、尊老爱幼等，内容健康向上。

宴席场上演唱的宴席曲与“花儿”相比，从内容到形式，都有明显的不同，但它同样是东乡族人民喜欢的一种文艺形式。宴席曲被称作“家歌”，“花儿”则被称作“野曲”。宴席曲委婉动人而不失庄重典雅，有辈分的男女老幼在一起听歌时，不会因浮词艳语而引发尴尬之态；“花儿”则高亢激扬，又多以表达男女爱情为主，多少有点调情逗趣之嫌。宴席曲是家客亲朋为营造喜庆气氛而在庭院举行的一种歌舞晚会；“花儿”则大多是青年男女在“浪山”、“逛节场”时的一种野外娱乐方式。因此，闹宴席场时演唱的宴席曲，更显得文艺气息丰富和庄重，也能包含较多的时代内容。

宴席曲曲调缓和、悠长、古朴、轻快、优美，节奏感较强，适于载歌载舞。东乡族宴席曲分为散曲、说唱曲、叙事曲三种类型。散曲，曲调很多，反映的生活面很广，一般是一词一曲，固定不变。说唱曲，是一种民间说唱形式，曲词结构由三部分组成，即起头、正文、结尾。起头起着承上启下的起韵作用，正文叙述恭贺的内容，结尾众和，曲文的句子长短不齐，流畅自然。叙事曲，多为两句式和四句式。宴席曲可为独唱、合唱、伴唱、随唱、问答，并可载歌载舞。宴席曲的内容以歌唱美满幸福生活、家庭团结和睦为主。

有一首东乡族宴席曲大调歌颂党的计划生育政策。它这样唱道：

计划生育上起声了。
没计划以前的唱一吓。
一个婆娘七八个娃，
没吃没喝的没穿个啥。

……

娃娃们养成了尕猴娃。
转眼间到了十七八，
要娶媳妇要另家，
我看娘老子多砝码。
要得你的家庭福，
你少生孩子多种树，
这就是你致富的好门路。
计划生育到万家，
家家盛开幸福花。

由于词曲优美，韵味独特，形式多样，内容丰富，花儿被人们誉为中国民族民间文化艺术长廊中的一朵奇葩。临夏是中国两大类型花儿——“河州花儿”和“莲花山花儿”的发祥、传承、兴盛之地。其中，河州花儿因其流传区域广泛、曲令繁多而著称。“河州花儿”又称少年，近些年有人也称“西北花儿”、“河湟花儿”。2004 年，以传唱河州花儿著称的和政松鸣岩花儿会被命名为“中国花儿传承基地”。2006 年，松鸣岩花儿会被国家列入中国非物质文化遗产名录。

第三节　美味的特色饮食

东乡族饮食有自己的特点。在过去，客人来了吃上“鸡尖”就是受到了尊重，吃“平伙”更是一种有特色的饮食文化，扭馓、手抓也颇有独到的美味。

一、独特的吃鸡风俗

俗话说得好：十里不同风，百里不同俗。生活在大西北黄土高原

上的东乡族，以热情好客的淳朴民风赢得了人们的赞誉。尤其是东乡族古老独特的吃鸡风俗——吃鸡尖，别具一格，令人称奇不已。据资料记载，这种习俗来自于中亚撒尔塔地方，古风犹存。

客人一到家，主人立即请阿訇宰鸡。新宰的鸡要趁热拔去鸡毛，不净处则用柴火燎去。东乡人从不用开水烫煺鸡毛，认为烫鸡毛容易弄破鸡肉，影响嫩黄酥脆。炖熟后味道醇香，那是用开水烫过的鸡所不能比的。鸡毛燎净之后，还要割去鸡尾巴骨上突出的一个小疙瘩（俗称“鸡翘”）。东乡人把它叫作“外物”，认为这东西是附加在鸡身上的一种不洁之物，吃了对人的身体有害，自古以来就有割掉“外物”才能食用的习惯。许是一种巧合吧，现代医学上把鸡的这块“外物”称作是“腺体”，并初步证实是一种有害物质。

东乡人炖鸡要凉水下锅，因为热滚水下锅，不易排出鸡体内残留的血汁和其他不洁之物。凉水浸炖，则能逐渐将血汁等杂物浸出，用勺子将漂浮在水面的杂质舀净为止。一直到锅里的水清纯，才盖上锅盖炖煮。只需放青盐、花椒、姜片、草果、丁香几样调料，半个小时之后，一只黄葱葱香喷喷的炖鸡便可出锅上席了。

炖熟后的鸡是从不整只端给客人的，而是要剁成13块，即2只大腿，2个胯子，2块鸡胸，2个小腿，2个翅膀，2个勺勺，最后是1个鸡尖，也就是取掉“外物”的鸡尾。这便是东乡人视为最尊贵的一块了。至于鸡头、鸡爪、鸡肋以及鸡腹中的杂碎，是不能上桌的，只留在灶库中给家人食用。上席桌的13块鸡肉摆法也很讲究，各个部位井然有序。当满盘热腾腾的鸡端上来之后，客人并不就拿筷去拣，而是由主人视这次入席客人的身份、年龄大小、辈分大小、亲疏关系，用一双专用筷子拣给符合每个人身份的那一块。通常自然是长辈吃大块，小辈吃小块，而鸡尖则属于席上最尊贵的客人。

谁享用了鸡尖，谁就代表全桌客人接受了主人的盛情款待，说明吃了鸡尖的人是主人家席面上的贵客，丰盛的美味佳肴就是为他光临而精心准备的。客人会为得到主人的尊重而感到荣幸和自豪。主人也会为自己的盛情得到了客人的认可而感到高兴和满足。

东乡人看重鸡尖，是从中亚一带先民那里带来的习俗，祖祖辈辈传下来。传说很早很早以前，在东乡人的祖先还过着游牧生活的时候，人们的群体是以部落、部族划分的。一个部落、一个部族都有一个为首当头的，其声望和地位很高。部族聚餐时为了忌讳说吃鸡头，席上不上鸡头，鸡的其他部位都是成双的，共 12 件，鸡尾却是单个一件，只有首领食用才与众不同，无可匹配，于是沿袭成俗，有了以鸡尾敬献尊贵客人的规矩。

二、美味食品东乡扭馓

东乡族聚居地——东乡族自治县，耕地多为山旱地，农作物主要以小麦、玉米、洋芋、豆类为主。东乡族的饮食都离不开这些农作物，尤其是面类食品在日常饮食中占有重要地位。东乡族面食及其制作方式多源自中亚，历史悠久。东乡族妇女个个心灵手巧，厨艺精湛，经她们巧手加工，会变出各色各样、造型别致的面食品。

热情好客是东乡族人的一种传统美德。东乡族有句俗话说："客人来了要招待，哪怕明天卖锅盖。"客人一到家，纯朴忠厚，热情好客的主人立即把客人请到上房炕首上坐，摆上炕桌，泡上浓香四溢的盖碗茶。少时主妇就会端出一盘色泽金黄，浓香四溢，形如满月，脆酥香甜，叫人馋涎欲滴的热油香。

"左拧是馓子，右拧是麻花"。馓子是东乡人面食中的佼佼者，也是穆斯林的重要节日和宴请喜事中最上乘的面食精品，色香味俱全，驰名河州。每当逢年过节之时，便是东乡族妇女们大展手艺的好时机。馓子既可直接用于宴席，款待客人，也可以作为礼品相互赠送，一般

可保存八九个月，其色味不减。每逢喜事和节日家家必备。

说起油炸食品，不能不说到大如炕桌的东乡扭馓。扭馓也叫酥馓，它是婚娶宴席中不可缺少的食品，味道美，耐储藏。东乡扭馓为何这么大呢？当地人介绍，这是由东乡族特有的文化和风俗而形成的。东乡地处贫困干旱山区，人们生活特别困难，在筵席、节日等盛会上，为了热情招待亲戚朋友，扭馓做得大，一则在席上让客人们吃好，二则在客人们临走时选一把大如炕桌的扭馓相赠，表示对亲戚朋友的真诚。如今把扭馓做大，表示宴席隆重而盛大，并不局限于吃，而在于味道，看手艺。同时，也是对东乡族在漫长的岁月里遗留下来的热情好客这一传统美德的继承和发扬。

大扭馓虽属油炸一类面食，却又十分特别，为东乡族人所独有。其特点首先是大，一般的也要由 2.5 千克干面发酵后揉和油料煎成，成熟后的大扭馓大约有 3 千克多，大户人家十来口人，一顿饭的主食只需一把大扭馓就够了。至于几口人的人家，一把馓子就可吃好几顿。做的时候先将面发酵，加上清油、鸡蛋、白糖、香料拌和，揉成直径约 1 寸粗的长条，盘结成方形面胎，然后用清油炸熟。炸大扭馓用的是一种手工特制的平底铁锅，直径 1 米左右，并非家家都有，一个村子里只有几家才有这种锅。当某一家遇上喜事待客需炸大扭馓时便互相借用，用后需在当天盛大扭馓一至三把送回主人家，表示答谢。

三、古今一脉的东乡平伙

东乡人“吃平伙”，是指遇上喜事或好事，大伙相聚一处，用 AA 制的形式集资聚餐。这种形式在东乡农村很流行。吃平伙也是一种很有民族特色的联欢会和民族饮食文化。

吃平伙是一种合伙吃羊肉的方式。参加吃平伙的人事先发出邀请，集约参加者，然后按参加的人数，一般为 10 至 12 人定股份，约定吃平伙的日期，将早已预定好的站羊拉到股东家里。股东一般是吃平伙的发起人，或是众人推选出一个负责人。

先请阿訇诵经宰羊，接着由羊把式在十几分钟内将羊皮剥去，清理出内脏清洗。东家把宰好的羊收拾干净，准备下锅，再把羊的心、肝、肺洗净剁碎，拌上切好的葱花、调料、香油、味精、撒上少许面粉，搅匀，按吃平伙的人数分成若干份装在小碗里备用。等大锅内煮羊肉的水开锅后，在大锅上架起蒸笼，把装好的小碗整齐摆放在笼屉中，盖上蒸笼盖子蒸熟，东乡人称它为“发子”。热气腾腾和香味扑鼻的发子浇上沸腾的肉汤，撒上碧绿的青蒜苗，就着黄嫩喷香的油香，悠闲地刮着细瓷盖碗茶，从而拉开了吃平伙的序幕。或是把新鲜的羊肝爆炒后端上来品尝，鲜嫩醇香。

东乡平伙　李红华摄

吃平伙的第二步是在还漂着油花的肉汤里揪上指甲盖大小的面片，舀在碗里撒上香菜，放入香醋和油泼辣子，原汁原味，十分可口，想吃多少盛多少。然后把还冒着热气的羊肉分卸成七大块，再把每一块按人数剁成若干小份，人均一份。每份平伙里都有前件、后件、肋巴、胸岔、背子、脖子，尾巴七个部分，吃平伙的人多，肉块就剁得小；吃平伙的人少，肉块就会剁得大一些。平伙肉按份子剁成后，盛在碟子或食品袋里端上来。你可以当场吃，也可以拿回家去和家人一起团

圆共享。

平伙羊肉的剁法是最不容易也是最讲究的，羊肉要平均分配，每个参加者一份，羊的各个部位、数量、肥瘦都得搭配合适，使每个人

东乡平伙　李红华摄

都要满意。东乡的羊把式一个赛一个，走到哪里，剁肉分成难不倒他们。你只要看一眼那剁肉的娴熟程度，就令人惊叹不已。

吃平伙表面上看来是一场聚餐，其实它是东乡人相互联络感情、沟通信息的机会。吃平伙的人一面刮碗子，一面说买卖、谈庄稼、讲新闻，话题十分广泛，天上地下，古今中外，无所不谈。吃平伙，是东乡人平等互助、团结和睦集体精神的典型写照。平伙平伙，平起平坐。首先是平伙肉分为“股子”，无论贫富贵贱，一律平等，一人一份，分量相同；其次是平伙钱分摊后，可交现钱，也可放“八月账”，即到了粮食大丰收时用粮食顶平伙肉钱。这样，既能享受到美味可口的手抓羊肉，又可得到轻松惬怀的精神愉悦。东乡人豪爽豁达的性格，在吃平伙的风俗习惯中体现得淋漓尽致。据传，吃平伙是东乡族先民们在古代狩猎时分配猎物的一种方式，从那时流传下来，久而久之成了一种饮食习俗、一种饮食文化。

现在吃平伙的方式有了很大改变，以家庭为单位的平伙逐渐在减少，在农家乐及景点的餐厅也可以吃上地道的平伙了。这里不但保留了平伙的基本内容，还有所创新。吃餐厅平伙的第一步要上一道正宗的三炮台盖碗茶，一边喝茶、刮碗子，一边聊天、吃油香。然后一小碗香喷喷的发子就端上来了，在发子碗里要浇上几匙酸菜汤，再泡上掰碎的油香，吃起来爽口极了。加上酸菜汤是为了消食去腻，而且味道更鲜了。这时，按来吃平伙的人数，在后堂分好的，每人一盘的羊肉就呈献上来了；每人一份，吃不完的羊肉，散席时都要按平伙的规则带走，这正符合当前倡导节约的风气。

四、过口难忘的东乡手抓

每一个民族都有自己引以为荣又让客人惊叹的美味佳肴。东乡手抓就是让人百吃不厌、回味无穷的美食。

早在南北朝前后，“枹地羊”就是帝王贡品，被称之为“枹罕赤髓羯羊肉”。后来所以称之为“东乡手抓”，是因其煮熟后可直接用手抓食而得名。身体健壮、坦荡豪爽的东乡人历来好吃“手抓”羊肉，形成东乡人健壮、剽悍的体魄，形成撒尔塔智慧、豪爽的秉性。这种羊讲究选用精心喂养、膘肥肉嫩的本地羊，特别是山地羊为最佳。

东乡手抓以独特的民族风味和传统特色闻名，其肉质鲜嫩、肉质间脂肪含量适中，肥而不腻，色香味美、香脆可口，是中老年人滋补极品；富含人体必需的氨基酸、蛋白质、矿物质和维生素，是东乡民族接待客人、婚宴和接待贵宾的民族佳肴。

“东乡手抓”吃法独特，是将煮熟的羊肉剁成小块装盘上桌，用手

抓起一块，拌以椒盐、大蒜享食，故称“东乡手抓”。如今，“东乡手抓”已风靡大西北。“东乡手抓”色香味美，肥而不腻，没有羊肉的腥膻味，令人“过口”难忘，百吃不厌，东乡手抓羊肉还具有滋补温中、强骨壮阳的作用。

要做好“东乡手抓”，羊的品质是关键，这头道工序就是“舍饲”和选羊。东乡的本地羊吃的是高山深沟野生野长的百草野菜，喝的是从太子山怀抱泉眼里流出来的天然矿泉水。从东乡本地羊中精选小公羊，把它圈养在一个固定的地方，用本地土生土长的本氏草、小白蒿、百里香、野葱野蒜等牧草，干草、玉米秸秆和麦麸搅拌的精饲料精心饲养，等喂养三四个月后，进行阉割，戴上笼头，不让它东奔西窜，这样限制羊的活动量，定时定量饲养。东乡人把用这种方法饲养的羊叫作“站羊”。约三个月时间，小公羊长得膘肥体壮，毛重约十多千克时就可以出栏了。另外，“东乡手抓”羊肉制作加工有非常独特和讲究的地方。将宰好的羊经过剥皮、去内脏、清洗等多道程序处理后，把全羊完整地下入冷水锅，用急火猛煮。等锅内的水待开未开时，用小眼细网罩打尽浮在水面上的杂质沫了，再放入花椒、葱段、姜片、草果、青盐等调料，再用文火慢煮，出锅时需两人用干净木杆撑起全羊小心提起，放在木制案板上，按脖子、前腿、后腿、肋条、背子、胸岔、羊尾巴卸成七大块，再均匀地将每一大块剁成若干小块，趁热装盘，即可食用。这种羊肉味道纯正、肉质鲜嫩、肥而不腻，营养非常丰富，含有人体所必需的多种氨基酸、微量元素。经常吃这种羊肉还有明显的补气益肾、健胃强脾和延缓衰老的神奇功效。难怪东乡族老人中不乏长寿者。

东乡人做“手抓”，讲究一个现宰现煮现上桌。一只羊在行家手里，从宰到端上来吃“手抓”，只需一个小时。吃“手抓”要求不让生羊肉过夜，因为当天下锅的羊肉吃起来格外鲜美，浓香四溢，口感特别好，凡品尝者无不啧啧称赞。

五、诱人的三炮台盖碗茶

粗犷豪爽的撒尔塔人，在与生存环境和压迫者的抗争中，显得壮烈而强悍，但在平时生活中，极具幽默诙谐，还像贵族闲客一样有刮碗子的雅兴。

东乡三炮台　马忠华摄

东乡族酷爱喝茶，从茶具、茶叶、配料的搭配都要精益求精。茶具一定要选“三炮台”，“三炮台”顾名思义，即它由盖子、茶盅、掌盘三层组成。对茶叶的要求是很有讲究的，云南春尖茶和沱茶最上档次。饮用时将茶叶放在“三炮台”的茶盅里，讲究用刚刚煮沸的“牡丹花”开水冲泡。然后，用盖子轻轻由前往后，由浅及深地慢慢刮，让茶叶徐徐沉入茶碗底。这时扑鼻的茶香迎面飘来，促使你情不自禁

地想喝一口。先用左手端起碗子底盘，用右手的拇指、食指和中指环成兰花状夹起碗盖，斜着在茶碗上刮一下，汁清色碧、水气袅袅，轻吸慢咽，一股纯正浓郁的茶香渗透五脏六腑，实乃一大享受。

家中来了贵客，更要奉上三香茶、五香茶或八宝茶，以表示对客人的欢迎和尊重。除了上好茶叶外，还要配上冰糖、桂圆、红枣、杏干、枸杞、葡萄干、无花果等，喝起来苦中有甜，甜中带酸，非当今五花八门，品种繁多的饮料所能媲美的。茶叶含咖啡碱、茶碱、挥发油等，有兴奋大脑和心脏的作用，既能解渴消暑、强心利尿，又能舒筋通络消积食。因而东乡族老人寿星多，与酷爱刮碗子的生活习惯分不开。东乡族老人黎明即起，沐礼拜完毕要喝早茶。午餐、晚餐每餐喝茶。

东乡人喝茶有自己的特点。喝碗子茶传统习惯多用陕青茶（陕南茶），近年来转为喝云南的春尖茶。因家家都喝，用量颇大，东乡人已在春尖产地云南下关和西双版纳一带设有专门的购茶、运输机构，直接购销，所以东乡族人年年都能喝上当年的新茶。茶是主体，配料则为传统的冰糖、桂圆。近年来接近城镇地方的茶馆、饭馆和一些人家，接受了回族的喝法，加了葡萄干、杏干、枸杞等干果佐料。但是大多数东乡人家还是坚持老传统喝法，只需茶叶、冰糖、桂圆，不另加其他干果。按照他们的说法，杂品一多茶就走味了，因此杏干、葡萄干等只做干果吃而不放进茶水里。任何一个客人，即使是左邻右舍常来常往的人，只要一进家门，主人必定要以碗子茶招待，绝无例外，这是东乡人的规矩。

沏茶时主人要右手提壶，左手掀起碗盖，不放在桌上，等开水入碗后再轻轻将碗盖倾斜盖上，不可满盖以免将水溢出。客人一边喝，一边将浮在茶水表面的茶叶刮在一旁，所以和回族等民族一样也俗称“刮碗子”。茶水边喝边添，不能一次喝干，保持茶水的浓淡适度，喝

时要一口一口地品尝，切忌用嘴吹，或者将茶水倒在碗盖中喝，显得不懂规矩，有失礼貌。东乡人喝碗子茶，除了出门在外或在饭馆里喝茶，在家里待客喝茶时，主人绝不能和客人一起喝，主人的责任是殷勤伺客，热情招待，以表示对客人的尊重。

东乡饮茶习惯习俗的产生与其生活的环境息息相关，明代河州地区茶马交易繁荣，促成东乡族的饮茶习惯。久而久之，茶成为东乡族人民不可缺少的饮品，并最终形成独具特色的茶文化。

第三章

人口变动及生活习俗

在封建、军阀统治的旧社会，东乡族人口一直呈减少趋势。新中国成立后，东乡族人口出现了急剧增长，随着实行人口控制政策和群众生育观念的转变，东乡族人口才稳定下来。

第一节　沧桑岁月人口减少

反清起义，反抗国民党统治时期的斗争以及封建地主阶级的剥削，都使东乡族人口受到损失，出现了负增长状况。

一、反清斗争举义旗

东乡族人民是爱好和平的民族，与人为善，团结和谐，友好相处。但是，有压迫就有反抗。东乡族人民在不堪忍受压迫剥削歧视时，也会义无反顾地揭竿而起，进行反抗，用生命和鲜血谱写一曲曲气壮山河的乐章。

在清朝二百多年的统治下，东乡族人民遭受着封建剥削和民族压迫的双重灾难。勤劳、勇敢的东乡族人民和全国各族人民一样，与统治阶级进行了艰苦卓绝的斗争。清朝政府把东乡族看作是威胁他们统治的一大祸患，多次进行武装镇压和清剿，东乡族人民则同反动统治阶级进行了不屈不挠的斗争。

为了反对反动统治阶级的民族压迫和阶级压迫，东乡人民与各族人民一道，前仆后继，英勇不屈，在推翻清朝专制主义统治中，作出了自己的贡献与牺牲。同时，东乡族的人口的发展却因不断的战争受到影响，甚至减少。

清军入关后，对各族人民的屠杀和掠夺引起了顺治初全国性的第一次抗清运动的兴起。在西北由米剌印、丁国栋领导的以回族为主的反清复明的斗争中，东乡族人民积极地参加了这次起义。

这次反清起义的发起人是回族人甘州副将米剌印和他的同僚回族人丁国栋，河州的东乡族、回族人民积极地参加了反清队伍。1648 年 3 月，以闯塌天为首的东乡族起义人民和回族起义人民一道，攻下了临洮，杀了临洮城内的官僚和地主豪绅，并于 5 月初回师河州，攻占了河州城。但是不久，清军会合起来包围了河州，经过两个多月的英勇战斗，起义群众终因寡不敌众而失败。闯塌天在起义失败后，回到东乡高山地区，继续坚持斗争，后因叛徒出卖，被清军捉获，惨遭杀害。许多随同参加起义的群众也遭到镇压，造成了不少人口死亡。

乾隆时期，由于对新疆、西藏大规模的长期用兵，直接加重了甘肃各族人民的徭役、赋税的负担。《河州志》记载“官粮无定额”、“诛求到骨髓”，加之民族歧视和压迫，使甘肃各族人民的生活更为艰苦。在这种情况下，东乡族人民不得不行动起来，参加了乾隆四十六年（1781 年）青海撒拉族人民掀起的反清斗争。起义的撒拉族群众到达东乡地区时，受到了东乡族人民的热烈欢迎和支持。锁南、唐汪川、洪济桥等六处的群众在马得明阿訇的率领下纷纷参加了撒拉族的起义部队。起义部队到唐汪川时，东乡族群众主动拆取房梁，扎成筏子，帮助起义部队过河，并组织驮运粮食支援部队向兰州进攻。跟随去攻

打兰州的东乡族人民约有六七百人。

起义人民英勇地战斗了一百多天之后，大部分在华林山壮烈牺牲。清政府借口“办理善后”，对东乡族人民进行了疯狂的屠杀。洪济桥、唐汪川等地区的东乡族人民几乎被斩尽杀绝。参加起义、支持起义的群众，凡成年男子一律杀光，妇女送伊犁，“给兵丁为奴”，男孩送云南“监闭”，使东乡族人口遭到严重损失。鸦片战争后，帝国主义入侵，清王朝割地赔款，加强了对各族人民的榨取，农民不堪重负，纷纷掀起反抗斗争。在河州地区最先点燃反抗斗争烈火的是东乡族人阿布都。清咸丰九年（1859 年），阿布都串联起一批无法生活的乡亲，在东乡揭竿而起。当时正被太平天国革命弄得心神不宁的清政府，看到东乡地区这颗火种又燃遍河州，于是立即派河州知州赵桂芳亲自率兵赶赴东乡，以优势兵力镇压这次起义，阿布都被杀。到同治元年（1862 年），洮河边上的“争渡事件”再次引发了东乡地区的反清斗争，矛头直指清王朝。这次起义的中心在白庄、大湾头、巴素池等地，特别是在洮河沿岸，声势更为浩大。一批参加了陇东回民起义的东乡族被打散后，分二路返回东乡，在洮河渡口地区，被当地民团截杀。这些人与东乡境内的起义队伍相配合，把起义活动扩散到四周。到第二年，临洮、临夏县都出现了大规模的反清起义。

东乡族反清军在马悟真、闵殿臣、马万有的率领下狠狠地痛击了清军，并与临夏等地马占鳌、马永瑞率领的义军组成联军，攻下河州，长达十几年，并转战在洮河、渭河、兰州一带，占领十余县。东乡族的义军队伍中，以东乡杨王家庄的王大汉、红柳滩陈家的大麻子、野松达板的曼库、黑石山的十三兄弟所率领的队伍最为著名。他们英勇善战，多次击退官军的进攻，给清政府以很大的打击。

清光绪二十年（1894 年），甘肃回族与东乡族又爆发了另一次反清斗争。这次起义的导火线是当时伊斯兰教中的教派斗争。清朝统治者有意挑拨民族团结，利用汉族地主武装进行镇压，事件迅速扩大，遂形成一次反清运动。东乡族人民热烈地响应了这次反清斗争。一部以马有哥、马录录为首，组成折桥营，在折桥一带，阻击清军，进而围攻河州城；另一部由闵福英领导，加入围攻双城的战斗。东乡红柳乡的马福录在洪济桥一带，聚集东乡族五百余人也参加了起义。

东乡族人民为反抗清朝的民族压迫政策而进行的多次英勇斗争，由于领导者只反酷吏，不反皇帝，更由于人数悬殊和武器落后，最终都失败了。之后，腐败的清朝政府进行惨绝人寰的“善后”，大规模屠杀参加反清斗争地区的老百姓，对东乡进行更加残酷的压迫和剥削，使得东乡族人口数急骤下降，那些年间都是负增长。造成“行来竟日无烟火，逢人到处哭野坟”的惨境。有压迫就有反抗，有斗争就有牺牲，用无数的血泪和大无畏的精神，东乡人写下了可歌可泣的历史篇章。

二、反抗国民军敢碰硬

1911 年的辛亥革命虽然推翻了清朝封建君主专制统治，然而并没有改变中国半殖民地半封建的社会性质，国家政权仍旧掌握在封建地主官僚军阀手中，东乡族人民和全国人民一样，仍然遭受着帝国主义在政治上、经济上的侵略和封建地主阶级的压迫和剥削。

在大革命失败后，北京临时执政段祺瑞命国民军第二师师长刘郁芬率部进入兰州。以刘郁芬为代表的甘肃封建军阀及其爪牙，在甘肃横征暴敛，大肆掠夺，特别是对少数民族地区，更是穷凶极恶，残酷镇压，使人口发展受到严重影响。

1927 年秋，河州镇守使有意怂恿所部士兵在今临夏县城镇横行骚扰，向居民筹粮、征兵、派款，污辱少数民族宗教信仰，采取斩尽杀

绝的高压政策，激起了河州地区回族、东乡族的反抗怒火，1928年年初打响了反对国民军军阀统治的枪声，“三行省苛政猛虎，七杆枪伐罪吊民”起义发动。旬日之内波及河州各地，响应的回族、东乡族人民近万名，队伍迅速扩大，并提出“不杀回，不杀汉，专杀国民军的办事员”，“杀官、劫库、抢富汉，与你穷人莫相干”等口号。国民军派刘兆祥、李松崑率一旅军队，由皋兰尖山、漫坪向东乡地区进攻。刘、李军进入东乡地区后，焚烧唐汪川无辜人民的房屋一千余家。东乡族起义军八百多人在东乡北庄的马八斤、马撒哥带领下，在唐汪川西南的牛心山阻击国民军，给予刘兆祥旅以沉重的打击。最后在国民军优势兵力进攻下，东乡族义军被迫后撤，马八斤退至黄家崖时，跳崖牺牲，马撒哥在双扎梁被官军残杀，其余东乡族义军随马仲英部转战河州各地。1928年秋，马仲英起义军被迫撤离河州后，国民军李松崑等部从临夏返回东乡进行清剿，捕杀了许多曾参加和支援起义的东乡族群众及其家属。

起义失败后，河州镇守使赵席聘下令在东乡地区挨户进行调查，对参加和协助过起义军的农户，加收田赋原额的二倍，叫“惩罚粮”。兵荒马乱，田园荒芜，加之出奇的旱灾，饿殍载道，人口骤减。

1940年在东乡地区又发生了一起东乡族人民刺杀伪临夏专员马为良的“汪百户事件”。这次事件从表面上看，似乎是一场教争，但实际上，它是东乡族人民反对国民党反动统治的一次英勇斗争。

1942年东乡族人民又参加了一次规模更大、影响更深的反对国民党反动统治的武装起义。这次起义的领导人之一是史鼎新。1942年年初，史鼎新联络王仲甲等人在兰州秘密成立名叫“西北民主政团”的组织。这个组织成立后，分赴临洮、河州等地秘密串联，筹备起义。随后，将“西北民主政团”指挥部由兰州迁至临洮，就近组织了以马继祖、马福善为首的回族、东乡族的起义队伍。

到1943年年初，由“西北民主政团”组织的武装起义遍及临洮、康乐、和政、东乡、靖远、会川、陇西、武山、岷县和甘南等二十余县。1943年农历三月，为了统一指挥各路起义队伍，击退国民党军队即将开始的围剿，由王仲甲、肋巴佛出面召集各路起义军开会，正式组织“甘南农民抗日自卫军”。

由于起义中心就在东乡地区附近，有的战斗就发生在东乡族散居的地区，所以东乡族参加这次起义的人甚多。其中比较著名的有穆特菲勒、马撒而东等人。

穆特菲勒又名马穆哥，因其眼窝较深，人们都称他“眼窝司令”。他是东乡汪家集凤山地区查拉松庄人，曾被马家军阀抓去当兵。1943年年初他组织宁定（今东乡族自治县南部和广河县的一部分地区）的广大东乡族和其他民族人民，在当地掀起了反对国民党反动统治的斗争。“农民抗日自卫军”司令部任命他为旅长，后来担任一路军队的司令。他部下的干部中，许多都是东乡族，如麻姑舅、马色尔东、黑团长、冯世荣、马生文等。他们曾在东乡柳树地区的巴洋沟与国民党政府军打过一仗，以后奉命南下，在康乐北部又打了一个胜仗，消灭国民党军的一个团，自己的力量也扩充到一千七百余人。他又继续向南，转战于康乐草滩、朱家山，进入临潭境内。但是由于没有后方根据地，战争中消耗很大，无法补给，终于在临潭八角被国民党军打败，损失极为惨重。

东乡族人民对这次各民族共同反对国民党反动统治的起义，表现出很高的热情，给予了极大的支持。他们把这支起义军称作“救命军”，在民间还流传着一些花儿歌颂这次斗争。

这次起义失败后，国民党政府在东乡和其他起义地区进行了所谓“善后清乡”，参加起义的大批农民被残酷地屠杀，人口增长再一次受到阻碍。同时实行了“互保连坐切结”，把广大劳动人民进一步束缚在

反动政府的统治之下。但是，东乡族人民对国民党反动统治的抵抗并没有停止，许多人仍然顽强地继续进行斗争。

三、沧桑岁月人口减少

由于历代反动统治阶级的残酷压迫和剥削，以及一次又一次的镇压屠杀，加之东乡地区自然条件差，因此经济发展十分缓慢、落后，东乡劳动人民的生活极其贫苦。为了糊口，东乡人在农闲时一般多出外做小生意，但在借本钱时又要遭受高利贷的剥削，再加上军阀混战，交通不便，路多盗匪，所以此项生计也很艰难。遇到灾害之年，就更加困难了。例如民国 18 年甘肃全省大旱，东乡每升粮食卖白洋两元，人口大量死亡和外流逃荒。在锁南集镇上也是尸横街头，惨不忍睹。

国民党军阀官僚的统治，带给人民的是名目繁多的苛捐杂税，兵款、马款、杂费等层出不穷，更残酷的是马步芳的抓兵，几乎家家被抓兵，父、子、孙三辈同伍的现象屡见不鲜。在饥馑兵荒交加的情况下，至新中国成立前夕，东乡人离乡流落在外者达 6 万人以上，约占东乡族总人口的 1/3。锁南乡楼子村有 34 户 187 人，当时有 50 多人被抓去当兵，不少耕地荒芜。

在国民党政府、马家军阀的残酷统治和地主阶级的残酷剥削、压迫下，东乡族劳动人民终年辛劳，不得温饱，生活痛苦万分。在那个年代，东乡族的人口发展也十分缓慢，甚至是负增长，真是沧桑岁月减人口。

第二节 人口的快速增长

2010 年第六次全国人口普查时，东乡族人口已达到 621 500 人，近 60 年人口增长近三倍。人们已经感到了人口压力的存在，人口控制得到了群众的理解和支持。

一、迁移导致人口变化

新中国成立后，成立了东乡族自治县，东乡族也作为一个独立的民族得到了国家的认可。这个时期人口还不可能高速增长，因为首先经济发展受多年战争的影响，恢复起来还需要一定时间和过程；生产力不高，粮食单产低。其次医疗卫生条件还处于较差的状态，属于西部边远地区的东乡县缺医少药的现象还普遍存在，疾病死亡率居高不下，这都影响着人口的发展，使东乡族人口在 20 世纪 60 年代前处于缓慢增长的状态。

迁移对东乡人口的变动影响较大。从国家公布的人口普查数据看，1953 年第一次全国人口普查东乡族人口为 155 761 人，而到 1964 年第二次全国人口普查时东乡族人口为 147 443 人，不但没有增加，反而减少了 8318 人，这主要是迁移导致了人口的减少。按道理说，人口不管怎么迁移，只要在国内总数量是不会有大的变动的，但东乡族的迁移有些特殊，因为这一时迁移到新疆的东乡族人口，大都被统计到当地回族人口中去了。

由于东乡族和回族同样信仰的是伊斯兰教，平时生活习惯也基本一致，而且当时新疆东乡族人口很少，一些地方还不知道东乡族，而回族人口较多，为尽快和当地群众打成一片，尽快适应当地的生活，许多东乡族人口在填报户口时都填写为回族。据估计这一时期迁往新疆的东乡族人口有 2 万多人，而第二次人口普查时新疆统计的东乡族人口只有 8000 多人。这说明约有 1 万多东乡族人口，在迁移到新疆后被统计为回族人口了。

东乡人口迁移到新疆的第一次高峰发生在 1960 年至 1962 年的三年困难时期。当时正值国家经济困难时期，甘肃城乡人民生活水平下

降，许多农村居民生活到了难以维持的困境，加上东乡的自然条件差，大批农民向邻省外流。1959 年兰新铁路通车，外流群众凭借便利的交通条件大量涌入新疆。西迁的东乡族就是当时出现的流动人口的一部分。困难时期过后，在政府的关怀下，流入外省的群众绝大部分都返回了原籍，并得到了妥善安排。西迁的东乡族也有少量返回故里，但大部分从此在新疆扎了根。

困难时期渡过后，外流的东乡族人仍不愿回来，这和原居住地自然环境太恶劣有关。东乡地区自然经济条件的恶劣是人所共知的。几百年来由于自然和人为的破坏，乱垦滥伐，天然林木和植被遭到严重破坏，生态系统失去平衡，水土流失严重，而东乡地区又是甘肃自然灾害高发区之一，这里的土地保水能力差、抗旱能力弱、地下水位低，降雨量只有 250～500 毫米，而蒸发量高达 1400 毫米，是降雨量的 2.5 倍。所以干旱也是这里最频繁、最严重的自然灾害。

第二次人口迁移新疆的高峰发生在 1966 年至 1975 年的文化大革命时期。1966 年开始的“文化大革命”，否定按劳分配原则，家庭副业受到限制，农村集市关闭，在各个行业大割“资本主义尾巴”，对国营农牧场实行军事化组织管理等，严重打击了劳动者的积极性，经济生产受到严重的破坏，发展停滞甚至倒退，人民生活极度困难。这些又成为东乡族再次大量向新疆迁移的主要原因。

东乡族人口成群结队迁往新疆的伊犁地区与当地的自然条件好是分不开的。新疆人口少，自然生态环境优越，尤其伊犁地区气候暖和，降水量也是新疆最多的，适宜各种农作物生长；同时，伊犁的草场质量为新疆之冠，是新疆主要的畜牧业基地；这些都成为吸引东乡族的首选目的地，并在新疆伊犁地区形成了东乡族高度集中的聚居地。东乡族人口迁到这里与当地的宗教环境也有关，当地大多数群众都信仰伊斯兰教，使东乡族人有回归撒尔塔故里的感觉。据 2010 年年底的统计资料显示，仅新疆伊犁地区霍城、伊宁两县就分别有东乡族 17 358 人和 29 323 人，占了新疆东乡族人口的 80%以上。

东乡族的西迁很少单人行动，绝大部分是全家行动或家中的部分成员先行，其他成员随后。先期到达的家庭又向原籍的本民族亲友及时反馈信息，牵线搭桥，提供帮助，于是引起十户、百户、千户的连锁式行动。流入新疆的东乡族之所以义无反顾地在边疆落地生根，除了流入地比原籍有较优越的生存条件外，以家庭为单位、以民族群体和伊斯兰为纽带的迁徙形式也是很重要的一个因素。

迁移到新疆的东乡族绝大部分人口都选择了伊犁，当时虽有户籍管理制度，但早期移居政策上基本上没有什么苛刻的限制。只要能到达新疆，各地设立的收容站就会收容，并且很快安排到某地定居。对伊犁地区来说，这里地处我国西部的最边远地区，当时人口较少，对移民持欢迎的态度。这也是东乡族人口大都迁移定居到这里的重要原因。

二、人口的急剧增加

东乡族人口规模并不大，1953 年第一次全国人口普查时有人口 155 761 人，占全国人口比例的 0.27‰，占全国少数民族人口的 4.45‰。然而到 2010 年第六次全国人口普查时人口已达 621 500 人，占全国人口的 0.41‰，占全国少数民族人口的 5.63‰，人口所占比例有明显提高。

东乡族人口在中国 10 个信仰伊斯兰教的民族中，规模大于柯尔克孜族、撒拉族、塔吉克族、乌孜别克族、保安族、塔塔尔族，小于回族、维吾尔族和哈萨克族而居第四位。

这样惊人的增长速度是有多方面原因的：

一是经过三年国民经济恢复时期和第一个五年计划及第二个五年

计划，东乡地区农村的生产关系得到变革，广大农民的生产积极性从长期禁锢下被解放了出来，生产得到了迅速发展，为人口的增长提供了物质基础。

东乡族小学生　李红华摄

东乡族人口数据表　　单位：人

	1953 年	1964 年	1982 年	1990 年	2000 年	2010 年
全国	155 761	147 443	279 523	373 669	513 805	621 500
甘肃	155 460	138 467	237 879	311 909	451 662	546 255
新疆	/	8379	40 346	56 690	55 841	61 613

资料来源：第一至第六次全国人口普查数据

二是东乡族人民经历了 1958 年和 1960 年至 1962 年三年困难时期后，社会生活有了提高，人口生育得到补偿性的发展。

三是医疗卫生事业在东乡族地区开始有所发展，一些先进医疗器械、药品进入了少数民族地区，使东乡人口的死亡率，尤其是婴儿死亡率明显下降。

四是少数民族与汉族在实行计划生育政策方面的区别，使少数民族的人口增长从慢于汉族转变为快于汉族。尤其是甘肃对东乡族作为独有民族，在农村实行了可以生三孩的生育政策，使东乡族人口增长明显加快。东乡族与回族及其他民族通婚后，生育计划按东乡族算可生三个孩子，一般也都填东乡族，这也使东乡人口增长率明显高于其他民族。

五是党的民族政策进一步落实后，许多地方对少数民族在招干、招工、提干、升学等方面都给予优惠和照顾。东乡族作为甘肃的独有民族，在政策上的照顾又比其他少数民族更多一些。因此，许多在以前改填了汉族的东乡族人口又恢复了自己本来的民族成分，还出现了一些回族人口改报东乡族的现象，从而使东乡族人口增长较快。

由1990年第四次全国人口普查数据与2000年第五次全国人口普查数据相比较，居住在甘肃的东乡族人口增幅均达40%以上。这样高的增长率不可能是由移民造成的，正常出生也不可能有这么高的增长率。非正常增加数量很大，主要是更改民族成分而出现的人口增长，一些回族群众为了享受本省独有民族的优惠政策，而更改为东乡族。在甘肃东乡族和回族互有通婚，他们许多家庭成员之间都有这两个民族的血统，因此回族更改为东乡族是常有的事。

在新中国成立之初确定民族成分前，东乡族曾是回族人口中的一部分。从甘肃省第五次全国人口普查增幅表中可以看到，回族人口增长幅度甚至低于汉族。这在正常情况下是不可能的，因为回族在生育政策上是普生二胎，人口增幅应明显高于汉族。这也说明了甘肃回族人口中一部分填报为其他民族，主要为东乡族。

东乡族人口增长快，还与早婚风俗有关。早婚必然导致早育、多育，使人口出生率上升。随着时代的进步，社会发展步伐的加快，东乡族人口的早婚风俗已在逐步转变，初婚年龄正在不断提高。

三、生育观念的变化

新中国成立后，东乡族人口聚居地人口增长很快，人口密度越来越大。从东乡族自治县来看，1953 年时每平方公里 103 人，到 1974 年增至 132 人，为全省平均水平的 2 倍。人均耕地只有 1.7 亩，使以农业为主的经济感到人口增长的压力。为此，县政府从 1974 年起，决定开展计划生育。

经过 30 多年的计划生育，东乡族自治县的妇女生育率发生了明显的变化。育龄妇女的生育率明显下降，生育旺盛时期缩短，多孩生育和大龄生育减少。东乡族妇女的生育观正在由多育向少生优育方向转变。

第三节 生育习俗与生育意愿

在过去，东乡族妇女生育主要在家中进行，因而婴儿和产妇死亡率较高。现在已实行全部免费到医院生育，国家给予补助。群众的生育意愿也有很大的改变，从以前要五六个孩子，到现在只要二三个孩子。

一、生育习俗的变迁

过去贫困的东乡地区缺医少药，生育和产后妇女卫生方面的知识相当缺乏。由于生活艰辛，孕妇临产前仍操持家务和田间劳动，产后三五天就得干活儿，饭食基本和家里人一样。若生孩子顺利，家中年长妇女或邻家妇女助产即可；如遇上难产，便只好请村内有经验的老妇人处理。由于卫生条件差，又没有科学的接生方法，因此婴儿和产妇死亡的事时有发生。

按老教习规，产妇不能在娘家生孩子。万一孩子生在娘家，当产妇返回婆家时，要分别在娘家、婆家的院墙搭上梯子，然后抱着婴儿在别人搀扶下，从梯子越墙出娘家院、进婆家院。有些地方则让妇婴背着身子退出娘家门，再背着身子进婆家门。

过去在东乡，特别是农村，一般妇女怀孕期间，并不能够停止劳动、安胎休息，而是要继续劳动。其中的原因有两个：其一，家务劳动无人替代，尽管是怀孕期间，但是作为家庭的成员，特别是“女主内”这样既定的家庭分工，女性需要承担其分内的工作。既然女性的活动领域仍然是以家庭内为主，如果是农忙时节，地里需要大量的劳动力在短时间内完成一些农活的时候，全家的女性，无论是老年人还是小孩，甚至是孕妇，也要同家人一起下地里干活，因为节气不等人。其二，妇女身体比较结实，适量的劳动，等同于做运动，到了生产的时候，也会比较顺利。

生了孩子后就要给孩子取名，每个东乡人都有一个经名。按伊斯兰教老教派的教规，在婴儿出生后、吃奶之前，即请阿訇给孩子取经名。阿訇不进产房，孩子由家人抱出来，经名则从《古兰经》中选取。选名字时，阿訇随便翻到一页，然后从第一段念起，先念到哪位先知的名字，便以这个名字给孩子命名。新教派的教规则在婴儿出生后七天，请阿訇取经名。由于《古兰经》中先知的人数有限，故重名的人很多。因此，阿訇取完名后，家长常常根据习惯和个人好恶，把名字拆开或给名字加上前缀、后缀，以减少重名。孩子上学时，则要起个官名。官名一般由家长或学校老师来取。

在龙泉乡我们了解到，孩子在出生一周后，要请阿訇来取经名，有条件的要宰一只羊，没条件的也要宰一只鸡，阿訇只象征性地吃一两块，其余的大家吃了。正式的名字在以前没文化时，要等到上学时由老师取名。现在家长都有文化了，则大多数由家长取名。

二、生育意愿的变化

东乡自治县人口出生率的变动，体现了东乡族人口在生育意愿上的变化。新中国成立后，东乡族自治县人口出生率的变动大体上可分五个阶段。

东乡族儿童　李红华摄

第一个阶段为1950～1959年的增长时期。这一阶段由于20世纪50年代以来生活水平的改善和医疗卫生事业的发展，使人口出生率持续增加。

第二个阶段为1960～1961年的低谷时期。由于三年困难时期导致群众生活水平的急剧下降，身体营养状况极差而形成的出生率的最低谷。

第三阶段为1962～1979年的持续高增长期。这一时期生活水平不断得到提高，医疗卫生事业有了进一步发展，生育没有任何限制。在这18年里出生率一直在高位上运行。

第四阶段为1980～1999年的出生率迅速下降期。这一阶段人口出生率的迅速下降，是计划生育工作的开展和群众生育观念的转变的结果。与民族地区的生育政策，经济、文化、观念和环境等因素有关。

第五个阶段为2000～2010年的低出生率时期。这一时期甘肃省的人口出生率稳定在13‰左右，东乡族自治县的人口出生率下降至15‰左右，已进入低出生率期。由于东乡族的生育政策在农村可以生三孩，因此，这样低的出生率水平是群众生育观念转变的最好证明。

到2010年年底，东乡县已建立起了奖励、优惠、优生、帮扶、救助、保障为主的“六位一体”的计划生育利益导向机制。

第四章

人口结构与分布

东乡族人口分布较为分散，居住地呈“大分散，小集中”格局。由于当地经济条件较差，外出打工的人口日益增多。东乡族人口的文化素质基础差，但近年来投入大，受教育水平有显著提高。分布在新疆的东乡族人口主要在伊犁一带。

第一节　人口结构变化

受东乡族自治县自然条件的制约，东乡人口近年已开始有计划地向外迁移。东乡族虽然重男轻女，却不遗弃女婴，人口性别比也在正常范围。外出打工已成了东乡族群众创收的主要来源之一。

一、人口分布的特点

现在东乡族在各个省区都有分布，但高度集中于甘肃省境内，在省、地、县各级地域，均呈极其显著的“大分散，小集中”格局。而在乡村的集中更为高度，构成了东乡族人口分布的一大空间特征。

13世纪初，中亚撒尔塔人随着蒙古军队大跨度迁徙到河州东面的大山上集结在一起。以后由于历代统治阶级的剥削和压迫，贫困的生活和高死亡率，人口增长缓慢，东乡族长期居住在其发祥地东乡地区而少有迁移。历史上显著的人口外迁发生在清后期。为生活所迫，尤

东乡族儿童 东乡县文化馆提供

其是光绪十八年（1892 年）、民国十二年（1923 年）、民国十八年（1929 年）的大饥荒，迫使大批人口外迁至今和政、广河、临夏、积石山、康乐、永靖，以及宁夏西海固、新疆伊犁等地。除新疆伊犁外，其余各地均在东乡附近临夏回族自治州境内。

20 世纪 50 年代初，除新疆、青海、宁夏、陕西、北京、内蒙古等省、区、市有很少数量外，东乡族人口高度集中在甘肃境内。据 1953 年第一次全国人口普查，甘肃省东乡族人口占全国东乡族人口的 99.8%，其余各地仅 301 人。20 世纪 50 年代以后，随着人口的增加，以及其他方面的原因，东乡族开始了较显著的省际迁移。1964 年，分

布地增加为10省、区、市，1982年达22省、区、市，至1990年，遍布除辽宁、海南之外的全国（大陆）各地；聚居在甘肃省的人口比例有所下降，但高度集中的态势依然如故，80%以上仍在原籍。

甘肃东乡族人口的迁出，主要去向是新疆维吾尔自治区。据第六次全国人口普查统计，分布在新疆的东乡族人口有61 613人，占整个东乡族人口的近10%。东乡族人口的分布，已呈现逐渐往外扩展的趋势。目前东乡族人口在全国各省、区、市均有分布，在百人以上的省份就达20个，除甘肃、新疆外，主要还是分布在西部不发达的省区，如青海6331人，宁夏1261人，贵州958人，内蒙古574人等。

迁移到青海的东乡族人口大多到了格尔木市，数量达数千人，其余分布在西宁市和海东州的民和县等地；迁移到宁夏的东乡族人口多集中在固原地区的海原县，到这里定居的近千人，其余在吴忠市的中宁县还有少量分布。

迁移人口中还呈现出男多女少的现象。如东乡县唐汪镇2007年元月至2011年11月5年中，共迁出人口60人，其中男性35人，女性25人，男性迁移人口比例明显多于女性。

2010年全国东乡族人口有621 500人，其中分布在甘肃境内的有546 255人，占87.9%。甘肃境内的东乡族人口又集中分布在临夏回族自治州，该州东乡族人口达505 976人，占全省东乡族的92.6%。

在临夏州内，东乡族主要分布在东乡族自治县。这里的东乡族人口达250 384人，占甘肃省东乡族人口的44.8%。其余的人口主要分布在东乡县周围，其中和政县有59 519人，占全县人口的30%；广河县有100 142人，临夏县有29 525人，积石山县有29 103人等。在兰州市、白银市、酒泉市、武威市、定西地区、甘南藏族自治州也有一小部分东乡族人口居住。

随着人口流动数量的增加，东乡族人口打工后迁移和定居在各地

的数量也在增加。如在甘肃省最东边的文县石访乡东峪口村，近年来就迁来了几十名东乡人口，他们主要是到这里开饭馆，卖牛羊肉，带动当地餐饮业的发展，有的与当地回族结了婚并定居在了当地。

在甘肃有八个东乡族民族乡，尤其是近年来在酒泉玉门、瓜州先后建立起了四个东乡族民族乡。这说明东乡族人口在省内往西部迁移的力度正在加大。

二、重男轻女不弃婴

东乡族虽然有较浓厚的重男轻女的观念，却从不溺弃女婴。他们认为，孩子不管是男是女，都是真主赐给的，不能随便溺弃，因此在这里男女孩的比例正常，不存在性别比失调问题。据 2010 年第六次全国人口普查统计，东乡族人口性别比为 104.4，比全国的 105.2 要低。

对女婴的宽容，并不能说明男女是平等的。由于长期受封建社会的影响，存在于各民族社会中的重男轻女习俗在东乡也同样存在。

东乡族妇女在家庭中地位较低，一般主内，主要从事家务劳动和务农，很少外出或对外交往。当家中有客人来时，女主人一般不出面，而且在宴请客人时也不上桌陪同。如果来的女性是熟人可以被允许上炕坐，但坐姿也是和男性有区别的。女性主要以跪坐或将腿合拢向后斜侧坐为主；男性则以盘腿坐为主。如果女性盘腿坐则认为是没有礼貌的。

妇女承担着家务、农务及赡养老人、培育儿女的重任，平日里负担很重，基本没有空闲的时间。除播种和秋收外，平时地里的锄草、施肥等活儿主要由妇女干。男人即使没有外出打工，也很少下地干活。

在衣着上，对妇女的约束较多。在大部分农村，对于女性有服饰上的禁忌：禁止穿戴暴露“羞体”的服装，禁止妇女穿着露薄、透明的衣服。这是因为露薄透明的衣服不足以遮盖“羞体”，反而有故意暴露之嫌，被认为是一种轻浮的、不庄重的行为。为了遮盖头发，盖头

大为流行并长期占据着主流位置。盖头一般长至腰际，头发脖子全被盖住，只露面孔。盖头分黑、白、绿三种颜色。一般女孩从9岁直到结婚后一二年戴绿盖头，青年妇女戴黑色盖头，老年妇女戴白色盖头。现在的年轻人用纱巾代替了盖头，五颜六色的都有，讲究美观大方，但头发还是不能露在外边。

过去东乡族对女子受教育与汉族儒教文化所倡导的“女子无才便是德”的观念很相近，一般认为女子长大了，嫁出去是人家的人了。对女子的教育仅限于初级学堂的教育，即女子9岁以前到清真寺或是家庭学习诵读一些《古兰经》有关章节，以及基本的伊斯兰教常识，9岁或10岁以后一般不再受经堂教育。家庭教育和社会教育也仅限于一些谨守妇道、孝敬公婆、节俭持家等家庭伦理道德和女红茶饭手艺，入校教育的现象几乎没有。

以前，女孩子七八岁便开始学针线、习做茶饭，并干一些照看弟妹、缝补浆洗等力所能及的活儿，从小磨炼操持家务的本事，很少能有机会去上学。这就致使东乡族妇女的文盲率大大高于男性。据20世纪90年代统计，东乡族女性文盲率还占到女性人口的97%左右，尤其是居住在山区贫困地方的女性，几乎都是文盲。在2000年第五次全国人口普查时，东乡族女性文盲还高达70%。近年来，随着社会的不断进步和经济的发展，女童上学已非常普遍，有的地方已杜绝不让女童上学的现象，使女性地位不断提高。

虽然不溺弃女婴，但对生儿子还是生女孩还是有差别的。生了男孩的人家，亲戚朋友一般都送礼或绒布横幅表示祝贺，还会举办宴席庆贺；生了女孩就很少有办宴席了。

在东乡族饮食文化中比较有特色的“吃平伙”习俗中，同样表现出重男轻女。男子们相约来到东家，把羊宰后吃了，每人还分别得到一份带回家去。女性是不能出面的，但女性需要为吃平伙的人准备茶

饭，在厨房中煮羊肉，当所有的人都吃饱拿着分到的羊肉后，她们还要收拾残局。

在家庭财产上，女性也受到限制。在东乡族，主要是父系家族，男子世袭，幼子继承老家的房子，女子没有继承权。如果这一系中没有男丁，也不会是由女子来继承的，将从旁系中过继，继承财产，同时继承财产者对老人有养老送终的义务。随着国家颁布并对《新婚姻法》、《继承法》的大力宣传，这种状况也开始有所转变。

宗教的因素也与此有关，例如清真寺一般不让妇女进大堂，进寺做礼拜也主要是男人的特权；女人礼拜主要在家里。但同时伊斯兰教中也有许多保护妇女的条文，女人也有继承权。

随着社会的发展，人们的文化水平和受教育水平都在不断提高，东乡族妇女的社会地位也在逐步上升，重男轻女的风俗已大有改观。

三、流动人口务工忙

近年来流动人口的比例在迅速提高，东乡族也有不少从事农业的人口进入了城市。他们进入城市之后更多是以打工方式来获得比在家乡务农更多的收入。这种创收方式已成为东乡族人民主要收入来源之一，也使劳务输转成了当地的支柱产业。

对外出务工一些群众讲道："东乡种上十亩地，不如兰州支锅卖洋芋"。在兰州卖烤洋芋一天也能挣上几十元。现在在外打工一天能挣到60元，技术工如木工、泥瓦匠一天能有120元到150元的收入。因此，许多青壮年劳动力都外出打工了。不仅男的外出，近几年也有妇女去新疆从事摘棉花、摘西红柿、挖甜菜等农活，去一趟干几个月也能挣三四千元回来。

由于剩余劳动力多，东乡县于2009年成立了驻拉萨、杭州、呼和浩特、乌鲁木齐、西宁五个办事处，统一协调组织劳务输转工作，让

农民外出务工增收，改善群众生活。到 2011 年 8 月底，东乡县已输转外出劳动力近 6 万人，其中组织输转 2.8 万人，群众自谋输转 3 万人，创劳务收入 3 亿多元。

东乡锁南镇王家村的马长明，1986 年就外出打工来到西藏当了一名农民工，当时他不但听不懂西藏人说的话，连普通话也不会说。但他凭着一颗火热的心，忠于事业不断进取，在生活的道路上摸爬滚打，从打工到承包工程，从包小工程到创办建筑建材公司，工程越干越大。2003 年承建了西藏火车货运站，2004 年承建了 1.7 亿元的西藏菜篮子工程西藏农贸市场，2006 年又承建了西藏兰泽房地产工程、拉萨火车站市政道路工程等，近几年每年都带领七百多名东乡务工人员在西藏承包工程。

外出打工的东乡族劳务人员，走南闯北，去的大多是条件艰苦的地方。在这些地方，东乡务工人员吃苦耐劳、勤奋向上的精神更能得到充分的发挥。在青藏铁路线的工地上，世界上最高的冻土隧道，好几批工程队都先后撤下来了，最后请来了东乡人组建的工程队，才将工程拿了下来。在新疆，除了 20 世纪迁去定居的东乡族人口外，前来务工的年轻人仍有不少，仅在阿尔泰地区，他们就开发了一万多亩土地，创办了骏马农场。

东乡流动人口遍布各地，但仍以分布在兰州的为多，他们主要从事的劳务工作有以下几类。

城市拆迁业是东乡流动人口聚集人数最多的一个行业之一。在兰州市，只要有废旧房屋等拆迁的地方，一定会有东乡人。在拆迁队内部，一个小型拆迁队通常由一个或者两个小包工头来承包一栋楼的拆迁工程，然后再招小工。招小工通常是在自己的同乡人或者同村人中进行。

改革开放初期，最早走出东乡进入兰州开始收购家具的人便是东乡人，其中东乡县龙泉乡外出务工人员中有80%在兰州从事这项工作。收购废旧家具业是龙泉乡人的传统行业。在兰州晏家坪的废旧家具集中收集点上，收购废旧家具的东乡人几乎全部是龙泉乡各个村的人。

屠宰业是东乡流动人口从事的又一独特行业，聚集人数较为集中，从事这一行业的人数有近千人。牛羊肉屠宰业最初是由金城关一带的回族经营，随着东乡人的逐渐流入和人数的不断增多，大大小小的屠宰点形成，出现了竞争局面，东乡人最终占据了这一行业的绝对优势。随着人们生活消费水平的提高和对牛羊肉的需求增加，这一行业有了较大的发展。牛羊肉经营行业成为定居在兰州及流动的东乡族人的重要行业。

民俗小吃及餐饮业是东乡族的传统经营。东乡人经营的清真饮食中的民俗小吃，是众人青睐的主要对象，如牛肉面、东乡手抓、东乡土豆等。小西湖义乌商贸城后街的小吃一条街更是东乡人的"天下"，几乎占到整个小吃街的一半。

在兰州，东乡的手抓羊肉在餐饮业中一枝独秀。东乡人在兰州经营的大型餐厅主要有"尕努东乡手抓"、"唐汪"、"云峰"、"马忠华"等。每家大型餐厅都有好几个分店，每个门店经营面积在500平方米左右，日营业额数万元。这些餐厅的老板是东乡族流动人口中收入较高的群体。这些大型餐厅大多是以家庭企业的形式经营，所雇用的人基本是以亲属圈同族、同乡人为主。

四、长寿人口比例高

东乡的黄土大山及沟壑中的圣水般的泉水，孕育了数量较多的长寿老人，演绎了一个又一个的长寿传奇。东乡族人口的平均寿命高，在甘肃各民族中的长寿率最高。在2000年第五次全国人口普查中，东乡族百岁以上老人达18人，高于全省平均水平。东乡族人口中寿星如

此多，得益于他们的民族习性、风俗、饮食、生活环境与社会经济发展水平。

东乡族养老院　东乡县文化馆提供

东乡族群众的长寿之道，主要有以下几个方面。

心胸豁达：一般来说，长寿的人都心胸豁达，不计较小事，而东乡族正是这样。东乡族群众性格开朗，豁达乐观。在白天有什么事想不通，心存不快，晚上睡上一觉，第二天起来，一见面，互道一声“平安”，心中疙瘩便烟消云散，晚上几个人聚在一起，说说笑笑中又团结如初。东乡人喜交朋友，对朋友的事义不容辞地相互帮助；平时都有扶贫济危的良好品德，对路遇困境和灾荒上门的求乞者，尽力给予食品接济，对老年人更是尊重有加。这些良好的习惯，使人们生活在一个愉悦的社会环境中，这是十分有利于长寿的。东乡族老人平时喜欢结伴一块做礼拜，如果一时有病不能去，大家很快就会察觉到，及时前去探视，帮助尽快康复。

讲究卫生：东乡族信仰伊斯兰教，喜清洁，讲卫生。伊斯兰教对穆斯林的基本要求是搞好个人卫生、环境卫生、公共卫生。穆斯林勤沐浴，每个主麻日及主要节日都必须沐浴。洗浴之后，方可礼拜。婚、丧、嫁、娶，都要浴洗。洗法有大净、小净之分。不管大净、小净，每次浴洗都有规范的要求，按顺序、按次数，洗脸和胳膊、抹头、洗脚。大净从右到左、从上到下的搓洗，可以促进血液循环，长此以往，对身体很有好处。

东乡族群众勤于礼拜：东乡族老人每日五时礼拜，每七日聚礼，每年两次会礼。礼拜时意念集中，摆脱了眼前缭乱的世俗，摒弃了形形色色的杂念，片刻的宁静，使身体、精神得益匪浅。每天要完成规定的拜数，有站立、鞠躬、跪、叩头等动作，长此以往，对锻炼身体的功效是很明显的。穆斯林每年一个月的斋戒，白天不食不饮，饿了肚腹、苦了肌体。但从另一个方面来说，消除了陈年积食，清除了体内垃圾，对身体非常有好处，也锻炼了意志，锻炼了忍耐精神。

喜食薯类：东乡族饮食构成以面食为主，兼食羊、鸡、牛肉。面食主要有小麦、玉米、豌豆，还有少量的荞、米、扁豆等。东乡族爱食马铃薯即洋芋。东乡洋芋淀粉量、含糖量高于其他地区 2～3 个百分点，而且易消化，营养价值高，深得当地群众喜爱。

东乡人爱吃鸡肉：不食不洁食物，不食死物及凶禽猛兽和形象怪异动物之肉，不饮不洁净的水，从而减少了“病从口入”的机会。而且平时食物中的脂肪量低，也减少了得高血脂病的机会。

东乡族人喜欢饮茶：“三炮台”盖碗子，加上茶叶、冰糖、桂圆、枸杞、包核杏等，冲上牡丹花的开水，喝上一口，清香沁心。喜欢喝的茶叶，有青茶、毛尖、碧螺春、龙井、云南沱茶等，不爱喝红茶、绿茶。“三炮台”盖碗茶，能解渴、提神、利尿、解暑，对身体非常有好处。

环境污染少：在东乡族人口居住的山区乡村，空气、水质好，没有受到污染，天高气爽，山川交错，阳光充足，气候宜人，不受现代化城市的不良影响。生活在这里的人们，出门就上山下坡，经常参加劳作使身体得到很好的运动，可有效地延长生命。常言道“深山出寿星”，就是这个道理。

目前，东乡族人民的饮食生活由“吃饱型”向“吃好型”转变，饮食结构逐渐向营养保健型发展。广大农民群众不仅吃饱了肚子，而且饮食中精细粮比例加大，基本解决了温饱问题。近几年来，随着收入增加，人们开始注重营养，肉、蛋、油、蔬菜的比重上升，主食比重下降，膳食结构和营养结构趋于合理，饮食水平逐年提高，人民群众的身体素质得到进一步加强。

第二节　文化素质在提高

东乡族人口的文盲率较高，为此把教育放到了重要位置，近年来教育落后的状况已大有改观，同时医疗卫生事业也有了明显提高。

一、扫盲工作有成就

新中国成立前，东乡族经济文化落后，受教育程度低，文盲率高达90%以上。到1950年自治县成立时，全县也只有9所小学，公职教员13人，学生540余人。20世纪50年代以来，东乡族人口的文化素质有了显著提高，但与中国其他少数民族相比，尚有很大差距，文盲、半文盲的人口多，文盲率高；受教育年限短，文化水平综合均值低；各类程度文化人口少，构成层次低；在校学生少，女性在文化素质的各个方面都显著不如男性。

从1990年第四次全国人口普查数据看，东乡族人口的文化构成排

在各少数民族的后几名。

到2010年第六次全国人口普查时，虽然东乡族每千人中大学生、高中生的人数有所增加，但绝对数仍很低。这说明东乡族人口的受教育程度还远远落后于全国。这当然是历史留下的遗憾，不过人们正在努力改变这种局面，目前东乡县对教育的投资，有了飞跃的增长。

东乡族小学生　东乡县文化馆提供

东乡族人口的文化构成低与群众的认识程度有关。落后的小农经济和受教育程度低的农民对科技知识的认识有差距，有效需求不足，认为不念书照样种田放羊过日子。在农村，作为家庭经济活动一部分的牧羊、拾柴、带小孩外出做生意、打工，使许多儿童尤其是女童失去了受教育的机会。经济贫困也使不少群众无力送子女上学。东乡族聚居地经济落后，群众过去普遍上不起学，一直以务农为主，以经商为致富之门，认为学不学文化没有什么关系。1989年对东乡县镇调查时，就看到有的居民户男孩已10岁仍不送其上学，女孩上学的更少

了。当时群众在教育上舍不得投资的现象相当普遍，小学的入学率、巩固率都较低。近年来这种情况有较大改变，到2010年全县适龄儿童入学率已达到97%。

文化教育事业过去在东乡地区比较差，主要原因是生产落后和生活水平低，群众没有经济力量送孩子上学。学校设置少，交通不便也是一个重要方面。另外是语言障碍。由于东乡族有自己的语言而没有文字，许多孩子自幼学的是东乡语，到入学时才开始学习汉语，要到六年级时才能完全学懂汉语，学习压力很大，影响了学习的积极性。

过去在重男轻女思想影响下，一般家庭不送女孩去上学，9岁前认为孩子小不能去；12岁后又认为女孩大了，要准备谈婚论嫁了，不能去上学。所以女童入学率一直很低。

对扫盲工作，东乡县近年来以妇女扫盲为核心，以双语教学为突破口，努力降低青壮年文盲率。

从2008年以来，省、州、县安排和筹措经费一百多万元，全面开展扫盲工作。组织编写工作小组起草，邀请州内专家讨论，广泛征求各界人士的意见，投资数十万元编印《东乡县扫盲教材》、《东乡县“两基”资料选编》，投资制作“扫盲教育在东乡”光盘；24个乡镇开设扫盲班190个，18 200名学员参加扫盲培训，发放学习用具及生活补助费近百万元。

2007～2009年，完成扫盲培训19 862人，每年巩固提高20 000人，15周岁以上青壮年文盲率由2006年的12.2%下降到4.8%。全县参与扫盲工作专兼职干部和教师2533人，参与分散包教中小学生2000人。结合扫盲培训举办以农业实用技术为主的科技培训班，参加人员有11 000人。结合“三下乡”活动进行科普知识、种植养殖等科技宣传活动，取得了较好成效。

2009年，县教育局成立了“扫盲教育革新”工程基线调研领导小组，对全县24个学区划分为7个责任指导区，确定调研人员分片进村入户进行摸底核实，摸排出文盲人员2万人。经过基线调研问卷、访谈，年底全面完成建档立卡工作。在2010年寒假已完成7000人扫盲，计划在暑假完成13 000人扫盲任务。

近年来，结合县情实际，以女童教育和妇女培训为重点，双语教学和双语培训为突破口，加大了《义务教育法》和《自治县教育条例》宣传力度，充分发挥宗教界人士和乡村两级的作用提高宣传效果，增强村民的法制意识和责任意识，对拒不送儿童上学的家长采取法律的、行政的、经济的综合手段，责令送子女入学，提高村民送子女入学的主动性，努力提高儿童入学率，从源头上杜绝新文盲的产生。推广扩大双语教学覆盖面：2007年开始在那勒寺小学开展了双语实验教学，成效明显，2009年扩大到8所学校，实验班学生成绩明显高于对照班和其他学校，有效解决了因语言障碍厌学致使发生辍学的问题。在以妇女为主的扫盲培训班，开展双语扫盲教学，提高了扫盲效果。

二、民族教育发展快

东乡族人口文化构成较差，从受教育程度来看，几次全国人口普查分民族统计中，都位列末尾。这是当地经济发展滞后、地理环境差所造成的。

东乡族位于西部偏僻的深山沟壑之中，长年处于封闭落后的生活状态。在文化上又处于有语言无文字的局面，加上交通不便，十年九旱，教育事业在这里基本上是一片空白。

新中国成立后，据1950年统计，东乡自治区共有小学9所，教职工23人，其中公职教员13人，学生548人；没有一所中学。1953年才在东乡设师附设初中班，1959年才成立了第一所东乡中学，当时有初中班3个，学生140人。

在这种文化教育事业底子极薄的情况下，东乡人民奋起直追，兴办教育，涌现出了许多感人事迹。21 世纪初，东乡县为了改变教育落后的状况，使每个村民的孩子都能上得了学，在无校村兴办教学点。做了 10 年民办教师的东乡族女教师马兰刚转正就被调到自己的家乡甘

东乡族小学　东乡县文化馆提供

土沟教学点工作，当时的教学点只有一块教学场地，是以前的晒麦场，方圆十里没有一所像样的学校。马兰一开始在露天给学生们上课，没有黑板，就把自家的门板拿出来写字。由于土地不够，经费一时也拨不出来，马兰心急如焚。她和家人商量后决定，把自家的 3 亩承包地捐出来，自己掏钱买来木材，全家人一起动手修了 4 间简陋的教室。有了教室，但入学率还是不高。主要原因是当地群众困难，无力承担课本费、学杂费等。马兰从自己微薄的工资中拿出一部分购买了课本、作业本、铅笔等发给贫困生，使他们圆了上学梦。

东乡县五家小学的马玉山，也是一名扎根山区的东乡族教师。他

扎根山区22个春秋，把自己的全部心血和汗水倾注在民族教育教学之中。有几次，他的父母对他说："现在我们年纪大了，家中需要有人照顾，看你能不能给领导说一下，调到家门口。"他听了后，非常理解父母的心情，但他并没有照父母说的去做，毅然留在山区。他始终觉得山区教师缺少，山区的孩子更需要他，义无反顾地选择了留下。他所带班的学生在每次的考试中均名列前茅。他本着不让一个学生掉队的信念耕耘在教育的沃土上，他所教班级多次被评为校、学区先进班集体。

在东乡县锁南民族小学，也涌现出了像刘云滨这样矢志民族教育终身无悔的优秀教师。刚毕业时他被分配到纯东乡族聚居的汪集小学。在汪集小学工作的多年里，他一直包班任教低年级语文、数学等全部课程，既要包入学率、又要包教学质量。为了动员儿童入学，他不辞辛苦，足迹踏遍了每一个村落。他做到了脑勤、口勤、手勤、脚勤、心热，工作中虚心求教，提升教育水平，优化教学行为，对克服低年级语言关（东乡族语）障碍做了尝试性教学，通过教学实践验证，对东乡族学生克服语言障碍关有明显的教学效果。

经过60年的建设和发展，东乡县现有各级各类学校211所，其中高级中学1所，完全中学2所，初级中学5所，九年制学校9所，各类小学190所，职业技术学校1所，幼儿园3所。至2010年，东乡县在校学生有50 975人，其中小学生32 978人，中学生17 997人。2009年，全县高考本科上线人数达到190人，有10名考生进入全州文理科前50名。

为了改变小学生上学难的问题，东乡县近期还开展了小学寄宿制工作。东乡县山大沟深，群众居住分散，学校布局难以趋于合理，30%的适龄儿童距离学校2.5公里以外，56个教学点近4000名学生读完三年级后无法就近入学。从2008年春季学期开始，东乡县教育部门

积极整合资源，在群众居住分散、教学点多、辍学率较高的龙泉乡、汪集乡进行小学寄宿制试点，两校入住小学生384名。学校自筹资金统一配发床单、被套、枕巾，教育部门优先落实贫困生生活补助，并筹资全额补足生活费，使每一位学生免费住宿、免费就餐。到2011年，全县有中小学寄宿制学校16所，寄宿生达3700人，有效解决了学生上学难的问题。

现在外出打工后，大家都开始认识到文化的重要性，所以对送子女上学的积极性比以前高了。例如，锁南镇的马家小学2005年时只有300多名学生，到2011年已有800多名学生了，群众都把孩子送到了学校。

学知识、学文化，已成为东乡族人民的共识。要迅速改变地方面貌、改变个人命运，只有学习文化知识，个人才有发展，社会才有发展。

三、医疗改革惠万家

由于东乡族自治县经济欠发达，医疗卫生事业发展水平较低，东乡族人口身体素质和健康水平的提高都受到了一定程度的制约。

新中国成立后，医疗卫生落后状况有了很大改变。到2010年，东乡县已有县级和乡级医疗卫生机构29个，医疗卫生技术人员357名，病床368张。麻风病、地方性甲状腺肿、布鲁氏病等地方病已基本得到控制，氟中毒的防治也大大改善了。近年来，随着卫生事业的蓬勃发展，人民的健康水平和身体素质有了明显提高。“小病等、大病抗、得了重病喊爹娘”的现象一去不复返了。东乡经济发展较慢，人才短缺直接影响到医院的医疗水平。为了改变这种局面，尽快提高医院的整体水平，近几年县医院利用省大医院扶贫和国家支援民族地区的机遇，特邀兰州大学二院、省人民医院的退休专家利用双休日时间到东乡来开展坐诊、查房、学术讲座等活动。这些老专家有效地解决了一些东乡县靠自身力量无法医治的疑难杂症，还起到了培训医护人员，提高当地整体业务素质的作用。

县医院还从天津南开医院、眼科医院、骨科医院请来五位专家，采取每半年轮换一次的方式，将连续三年常驻东乡进行对口帮扶。进驻的五位天津专家克服了初到时的高原反应，仅半年就开展手术 270 例，接诊病人 250 余次。他们高尚的医德情操，认真的工作态度，精湛的医疗技术，给东乡县医院带来一股温暖的春风。

新型农村合作医疗是国家帮助农民提高抵御重大疾病风险，保护人民群众身体健康的重要举措。东乡县积极贯彻这一惠民政策。2010 年，全县农业总人口 269 164 人，参合农民 261 089 人，参合率 97%。实行新农合给东乡县农民带来了真正实惠。

龙泉乡的马祖力哈，2007 年参加了新农合，2008 年在州卫生院动手术，花了 1 万多元，新农合就报了 6000 多元。目前龙泉乡参保率基本上接近百分之百。

又如唐汪镇上城门村 48 岁女村民唐艳得了大病壶腹癌及梗阻性胆炎，到兰大二院住院 72 天，花了药费十多万元。县合作医疗报销了 6 万多元药费，民政上大病救助又报了 5 万元，自己只花了几千元。

唐汪镇卫生院的唐占基院长介绍道：这里新农合的参保率已达到全保了。群众只需一年交 50 元的参保费，在乡镇卫生所看病，可以按药费的 85%报销，在县上看病报 75%，在州上看病报 65%，在省上看病报 60%。对残疾人、独生子女、75 岁以上的老人、五保户等，看病报销还要再提高 10 个百分点。全镇 2010 年就给群众报销药费 180 万元。农村群众有病不敢上医院，看不起病的现象基本没有了。

为保障医疗安全，规范医疗服务行为，东乡县认真开展了医疗质量专项检查活动，共出动卫生执法监督 70 多人次，监督检查各级各类

医疗机构 118 家，覆盖面达 98%。充分发挥支农队员的专业特长和技术优势，特别是天津南开医院和州医院专家教授在县医院通过技术援助和医疗帮扶，为广大患者提供了基本医疗和更好的公共卫生服务，进一步强化了医疗质量管理，提高了医疗服务水平。在重点加强县医院中医科建设的基础上，妇保院设立中医科和中药房，6 所中心卫生院和条件较好的达板、东塬 2 所卫生院开展中医工作，积极推广中医药适宜技术，发挥中医专科特色优势，为广大患者提供质优、价廉、安全的中医药卫生服务。

第三节　分布在新疆的东乡族

东乡族人口在生活困难时期，开始自发地迁往了新疆伊犁州，这里富饶的土地接纳了数万名东乡人口，成了东乡族除甘肃外最大的聚居地。

一、主要聚居在伊犁

据 2010 年第六次全国人口普查统计，居住在伊犁州的东乡族人口已接近 6 万人，占了全新疆东乡人口的 80%以上。

伊犁哈萨克自治州地处祖国西北边陲，成立于 1954 年，辖塔城、阿勒泰两个地区和 10 个直属县市，是全国唯一的既辖地区、又辖县市的自治州。伊犁被誉为“塞外江南”、“中亚湿岛”。“花城”伊宁市是伊犁州的首府。

伊犁州总面积 35 万平方公里，相当于全国总面积的三十分之一，幅员辽阔，是新疆乃至全国通向中亚与西欧的国际大通道。全州总人口 420 万人，有汉族、哈萨克族、维吾尔族、回族、蒙古族、锡伯族、东乡族等 47 个民族成分，素有“东方人种博物馆”之称。多个民族在这里繁衍生息，中原文化、中亚文化、伊斯兰文化在这里交融汇集，形成了独具特色的地域文化和人文景观。

伊犁地处亚欧大陆腹地，位于新疆西部天山北麓，在地形上呈东高西低，三面环山，西部开敞，一条大河——伊犁河横贯其中。伊犁就是由著名的伊犁河得名。这里河流纵横、山清水秀、蓝天白云、雨雪丰盈、气候宜人、风景秀丽，颇有江南的秀美。

伊犁州拥有新疆乃至全国最好的天然草场，面积达 3.1 亿亩，可载标准畜 2100 多万头（只），草场占新疆草原总面积的 42%。水草丰美，无环境污染，质量居全疆之冠，是新疆细毛羊、伊犁马、新疆褐牛、中国美利奴羊等优良畜种的主要培育和生产基地。

二、定居杏乡伊宁县

居住在伊宁县的东乡族人口据 2011 年统计有 29 323 人。他们主要分布在：愉群翁回族乡有 6265 人，萨木圩孜乡有 3274 人，温亚尔乡有 3624 人，阿热吾斯塘乡有 2556 人，英塔木乡有 2395 人，巴依托海乡有 2097 人，玉其温乡有 1890 人，喀什乡有 1567 人，墩麻扎镇有 1474 人等。

伊宁县位于天山西部的伊犁河谷中部，原名“宁远县”，始建于清光绪十四年（1888 年），因县治“宁远”而得名，1914 年更用今名，是伊犁州设治最久、屯垦最早、人口最多的大县。伊宁县境内气候温和、水源充沛、日照充足、土壤肥沃，享有“塞外江南第一县”美誉。全县总人口约 38 万人，有维吾尔族、哈萨克族、汉族、回族、柯尔克孜族、蒙古族、俄罗斯族、塔吉克族、乌孜别克族、锡伯族、塔塔尔族、达斡尔族、东乡族、满族、撒拉族等 31 个民族。伊宁县交通区位优势明显，县城吉里于孜镇西南距伊犁州首府伊宁市 18 公里。

伊宁县地处科古尔琴山南麓，溪流纵贯，地势平坦，极宜农灌。

始于清乾隆年大规模屯垦伊犁，其中“回屯”的60个“于孜”大多分布在此，是当之无愧的“回屯大本营”。有着植树栽花、美化环境优良传统的维吾尔族群众，世世代代坚持植树造林，境内到处都有树龄在

新疆伊宁采访 李红华摄

200年以上的“寿星”树，尤以从南疆引植的杏树长势最佳，伊宁县也因盛产大白杏而被誉为“伊犁杏乡”。近几年，县委、县人民政府大力扶持的维吾尔族、回族、东乡族特色鲜明的“农家乐”旅游，已成为遍布城乡、对游客颇具吸引力的休闲游乐新亮点。城西维吾尔族聚居的吐鲁番于孜是专家公认的“北疆地区标准维吾尔语”发祥地，2004年2月，已被自治区命名为伊犁河谷唯一的“民俗艺术之乡”。

2011年的6月我们来到伊宁县愉群翁乡新户村，见到了从甘肃东乡族自治县迁移来的东乡族老人马宗山（83岁），罗占福（73岁）、穆德正（68岁）、马文兵（66岁）、穆成荣（61岁）五人，他们讲述了当年从甘肃来新疆的艰难历程和现在的生活状况。

最早迁来的穆成荣介绍到，在1945年时这边就有两户东乡族人家。他是1955年迁来的，一块来的有7口人。罗占福、穆德正是1961年迁来，马文兵是1962年迁移过来，马宗山则是1968年迁移过来。

罗占福谈道："1961年，由于三年自然灾害，我和老婆二人一块来的。以后又把舅舅也叫过来了。来时属投亲靠友的类型，这边有朋友就直奔伊宁而来了。"

在座谈中大家谈道：当时当地政府对外来人口是欢迎的，发给粮食、被褥及锅碗瓢盆，还给盖房子的材料。人民公社还发给布票，有钱的只给票，没钱的就直接取布。由于来了就参加劳动记工分，生活上没有遇到大的困难。

初到这里最深刻的感受就是能吃饱肚子。这里的自然条件好，能种粮食。他们谈道："那时这里生产队的产值高，吃饭没有问题，而我们原来那边水也没有，路也不平，粮更谈不上。这里烧煤很方便，供应充足，能买上也买得起；而老家只能捡树叶做饭、填炕。这些年来我们中间也有回了几次老家的，但已不适应那边，比较起来还是这边好，住了段时间就都着急回来了。"

谈来到伊宁县的路途，则更是历经磨难。从甘肃东乡族自治县出发时，大都是先坐大卡车到兰州市，然后买火车票到哈密，然后又坐大卡车到乌鲁木齐，再找车往伊宁县走，白天坐车，晚上就在路上铺上被子睡觉，有几户走了二十多天，最长的走了一个多月才到这里。

由于这里群众大都信仰伊斯兰教，教民之间并不排斥，认为都是一家人，相处都很好。他们来这里后一般都务农了，也不愿意外出打工。这里自然灾害少，生活稳定。孩子们上学很方便，一般最少也要上到初中。

土地承包时，他们每人分到三亩三分地，都是平地。种的粮食吃不完，玉米产量高大家就种玉米，卖了后再买小麦。经济作物有时种甜菜。

与新疆伊宁的东乡人座谈　李红华摄

谈起老家时的风俗，大家讲已改变很多了。像吃平伙的现象这边基本没有了，因为那样只是男的当家人去吃，老婆和孩子们吃不上。现在买几斤肉回来，全家人一块吃更好。

另外，来这边后男女更平等了，男女都要干活，而不像在老家时女的干的活多，而男的种下庄稼后就很少下地。

在生育观念上，大家讲到已有很大改变了："现在我们的孩子都只有两三个，而孙子辈则大都生一两个孩子就不生了，很少有生三个的。"

愉群翁乡愉群翁村的东乡族村民马孝良（80 岁），是 1960 年迁来这里的。据他讲，当时甘肃不让走，在哈密有工作组劝阻。“我当时是在哈密前一站下的车，为了绕过工作组，在晚上步行了很长时间，才搭上一便车，交了 15 元钱拉到乌鲁木齐。当时乌鲁木齐火车站附近就有收容所，有许多公社招工站在那里招人，我被招到昌吉县安宁公社干了十多天，后来遇到伊宁林场工作队招人，就来到伊宁莫合林场，在林场干了半年多，主要是修路。还到建筑公司干了七八个月。以后又回甘肃东乡县去搬家。这时甘肃对来疆人员已不挡了，我们及同伴两个家来了 13 口人。第二次来就到生产队务农了，以后也分了地。”

据他介绍，当时来这里才 70 多户人家，有七八户东乡族。现在这里已有一千多户人了，后来陆续迁来不少东乡族人口。这里地多也平整，好实现机械化，而老家那边是大山，没办法搞机械。

对住到这里的生活状况，他很满意。他讲道：“20 世纪 70 年代中苏关系紧张时，甘肃东乡县的亲戚来信，叫我们不行就回去吧。我讲不回了，就是这里开炮打死了，也不回去啦。”

我们还来到了伊宁县的英塔木乡托万克温村，走访了这里的东乡族群众。

牟占海，东乡族，68 岁，向我们介绍了他从甘肃东乡族自治县来到这里的经历。他讲道：“我是 1962 年 2 月从兰州坐火车到盐湖站的，从盐湖到乌鲁木齐坐的拉煤的大卡车。到乌鲁木齐后就在候车室里住，住了十多天才又找到往伊宁来的兵团卡车，每人需交二三十元钱，坐了三天汽车到了这里。我们当时是三家人，这边也没有亲戚，听说伊犁这边好就过来了。到了后就直接找到收容所，收容所里管饭吃，然后把我们分配到这个乡了。”

“迁到伊宁后报民族成分时有一部分人填成了回族，我一直填的是东乡族。在我们之前和之后又有不少东乡人口从甘肃迁过来。这边首

先是能吃饱肚子，另外水多，当时挖几米就能出水；柴多，木柴、煤炭都有；土地多，在老家时一个人1～2亩地，在我们这边平均每人有5亩地，我们每个劳动力都有10亩地。收入也高，这边农民人均纯收入已有5000多元了。我在这里从1995年开始办了养鸡场，现在有3500只鸡，一年有七八万元收入，生活很不错。”

美丽的伊宁　*伊宁县计生局提供*

三、迁徙富饶的霍城县

分布在霍城县的东乡族人口已接近1.8万人，是东乡族人口又一集中聚居的主要县城。霍城县是伊犁哈萨克自治州直属的一个边境大县，位于新疆西部，东与自治州首府伊宁市相连，西与哈萨克斯坦国接壤，南与察布查尔锡伯自治县隔河相望，北与博尔塔拉蒙古自治州温泉县为邻。全县总面积5720平方公里，耕地面积48.5万亩，人口

36.8万，聚居着汉族、维吾尔族、回族、哈萨克族、东乡族等29个民族，少数民族占54%。全县辖13个乡、镇（中心）和1个自治区级开发区——清水河经济技术开发区。境内有新疆生产建设兵团农四师所属的6个团场。

霍城地处欧亚大陆腹地，伊犁河上游西北部。公元前60年，西汉王朝就把伊犁河流域纳入祖国版图，是祖国不可分割的一部分。至今展现在世人面前的惠远钟鼓楼，犹如荷盾矗立的战士，耸立在祖国的西部边陲，和伊犁将军府在一起，成为历史的见证。

霍城因霍尔果斯河而得名。两汉以后，唐朝在这里建立了霍尔果斯驿站（1882年成了边疆哨卡和通商口岸），元朝在这里缔造了阿力麻里汗都，清朝在这里筑建了“伊犁九城”，民国在这里组建了霍尔果斯县，新中国成立后又将霍城与水定两县合并为今天的霍城县。

霍城堪称新疆旅游的绝妙缩影，雪山草原、高原湖泊、长河大漠、原始森林和历史文化、少数民族民俗风情相互烘托，形成浓郁的西部特色。

霍城县与哈萨克斯坦山水相连，边界线长达183公里，是全国最大的边境开放县。1989年，国务院批准霍城为对外开放县，成为全国最大的边境开放县。1992年，国务院批准授权霍城县在霍尔果斯口岸建立边民互市市场。如今在这里已建立霍尔果斯中哈国际边境合作中心，成了推动当地经济发展的引擎。

居住在霍城县的东乡族人口据2011年统计有17 358人。他们主要分布在：萨镇有4933人，芦草沟镇有1572人，清水河镇有1371人，水定镇有1131人，三宫乡有429人，果子沟有317人。

2011年6月初的霍城县阳光明媚，我们一行来到了水定镇韩家庄村。

在这里我们首先来到的是马忠德（东乡族，76岁）家。他给我们

介绍了两次来新疆的曲折经历。

“第一次来新疆是在1959年，那时同我的一个叔叔一块来的乌鲁木齐。我们从兰州坐火车到了柳园，火车就到头了，还没通到乌鲁木齐，从柳园到乌鲁木齐买不上汽车票。当时前往新疆是有限制的，凡是甘肃、青海、宁夏的农民不让进疆，估计是这三省怕劳动力流失采取的措施。

我们这时同在火车上认识的两位东乡人一块，到乌鲁木齐，生产建设兵团农八师正在招人，就把我们四人拉到石河子的莫嗦弯，在那里的团部住下。连里分配工作时想把我们分开，我们四个东乡人不愿意分开，晚上就偷偷地跑了。

到了乌鲁木齐后打听到沙厂要人。到那边后又讲临时工不要，我们就去附近的红星公社了，被分配到大队，在藏房沟种了两年蔬菜，冬天则去煤窑挖煤。1962年年初，我们回了老家甘肃东乡自治县。

1962年6月后，我第二次前来新疆。这次我和老伴及一个女儿一块过来的。这次来的还有一位东乡族老乡，他舅舅在霍城，我们就跟着一块来了。先到陕西清真大寺住了几天，以后路过这个村庄，说这里也要人，就在这里住下了。落了户后，是公社大集体，靠挣工分，吃饭自己做，这样就在霍城扎下了根。这边比老家好，能吃饱不挨饿，就很满足了。”

同住在这个村的马荣华，东乡族，男，78岁，向我们介绍，他原来在甘肃康乐县康丰公社，1962年6月和老伴一块来到新疆。“当时在老家肚子饿的不成，就跑出来了。先从兰州坐火车到哈密的前一站下的车，然后坐卡车到了乌鲁木齐。在乌鲁木齐打问哪里好。听人讲伊犁条件好，就过这边来了。那时身上钱已不多了，卖了一条毛裤才添够十几元。从乌鲁木齐坐卡车到的水定镇，车上还有其他从东乡来的人。到永定后在街上有个公社书记碰到我们，把我们领到公社食堂吃饭，然后安排住到地窨子里，以后就在这里安家靠挣工分生活。到1965年，把父母及兄弟姐妹都叫过来了，只有一个姐姐没有来。他们来时没有遇到什么阻力。大包干时我们每人分了2.5亩地。2004年，我把家中的牛羊全卖了，得了三万多元钱，去麦加朝觐了一次。现在我们盖了新房，开了商店，生活很好。”

在霍城县惠远镇央布拉克村，我们见到了从甘肃东乡自治县过来的几位东乡族老人，并与他们进行了座谈。

马得福，男，63岁，他向我们介绍来到霍城的经过：“我是甘肃东乡县柴家湾公社人。1960年时，我们那里已出现没有粮食吃的现象了，只得往外跑。三天到了兰州，然后坐火车到盐湖站下车，停了一个礼拜，风大汽车开不成。到乌鲁木齐又住了16天，是在收容所里住的。问我们去不去北疆，马上送走，不让来伊犁。我们不去。于是等到第三天才拿上来伊犁的票，到马奶子住了一晚，乌苏住了一晚，才来到伊犁。我们一共21人，是一个大家族一块来的，刚到那天晚上都没有饭吃，等两天上街要饭才吃了一点东西。到团结公社收下后，给分口粮，按大人16斤、小孩8斤分的。在那里住了一个冬天，开春后又来到霍城水定镇，就定居到这里了。”

马奴海，男，71岁，是1962年4月从甘肃东乡县汪集公社迁来的。他讲道：“当时汪集也缺粮食，饿得不行了，就想法去新疆。我在乌鲁木齐有个叔叔。我是和弟弟一块来的，是坐火车货厢来的，到盐湖下车。托人买了卡车票才到的乌鲁木齐（那时不让来新疆）。到了乌鲁木齐找叔叔帮忙花钱买了汽车票往伊犁走，来到这里后霍城接收，公社、大队、小队都同意，小队发了粮，马棚旁边收拾一下就住下了。”

方石寺，男，62岁，他介绍：“我是原甘肃东乡县车家湾公社人，是2002年来新疆的。我们一共来了8个人，我和老伴及三个孩子，又

加上三个孙子，属于投亲靠友一类。来后发现，这里已不接收人，也不分地了，就花 2.5 万元买了一院旧房子，承包了 10 亩地，开始在这里生活了。尽管承包地每年每亩要交 350 元，但仍比老家生活要好得多。现在房子已办上房产证，也落上了 5 个人的户口，就不打算再回了。”

第五章

婚姻家庭与文化生活

东乡族的婚俗有自己的民族特色，家庭观念也很强。东乡族的敬老传统，一直为人们称赞。每个民族都有自己传统的习俗，而婚姻习俗最具有特色，各个民族都不一样。而且由于过去休闲时间很少，一般群众都利用结婚喜庆的日子，进行一些娱乐活动，使婚俗更加丰富多彩。

第一节　传统的东乡婚俗

一、相亲、送彩礼及订婚

相亲：东乡族过去一般实行早婚。子女到七八岁，父母就替他们做主相亲、订婚。大多在女十三四岁，男十四五岁时便结婚。如父母早亡，则由亲家伍和叔、伯、兄长做主。

东乡族的早婚风俗与伊斯兰教有密切关系。在过去，女性 9 岁，男性 13 岁就可以结婚，因为这是《古兰经》所允许的。在伊斯兰教的国家，如伊朗直到 2004 年议会才将女性法定婚龄从 9 岁提高到了 15 岁。在我国《新婚姻法》颁布后，经多年的宣传，东乡族地区的早婚

风俗已有所改观。

一般男女青年到了婚配的年龄，由男方相中某家闺女，便找一位能说会道、办事稳妥的媒人，提上一斤细茶到女方家提亲。女方父母征得女儿同意后，接受男方的礼数，说明这项婚姻就落实了，回去准备进一步的订茶和彩礼。

东乡族少女 马忠华摄

送订茶是男女双方已确定联姻的重要礼节。当天，媒人携带男方备就的一两块茶砖及“四色礼”，一至两件衣物及脂粉，还要给女方的母亲一件衣料，送到女方家。若女方接受，便表示同意无变更，姑娘不能再许人。其他人知道了，也就不再过来提亲。“订茶”礼品通常比较简单，且只送给女方本家。如没有变故，之后便可择期履行正式的订婚手续，称为“墨海勒库和”，即送彩礼之意。

送彩礼：东乡人称之为送“墨海勒”。一般东乡人认为不做亲是两家，做了亲是一家，所以“墨海勒”钱根据男方家境财力酌量而定；

除现金外，还送数套衣服、首饰、戒指、盖头、脂粉等；所送的现金对方一定要用于女子本人，如挪作他用，则被人视为拿自己的女儿做买卖，是不道德的事，会受到亲朋邻里舆论谴责。送彩礼是从说亲到结婚的一个重要环节，要举行一定的仪式，以公开男女双方定了亲，可以互称“亲家”，红白事和节日里可以走访。一般由男方的父亲、叔伯、兄弟数人，由媒人带领，在约定的日子里，庄重地到女方家，还要给近亲捎带礼物。这天，女方家请来“本家”老人，家务坊头的人，隆重接迎送彩礼的客人。宰羊宰鸡，炸油食品，热情款待。女方近亲接受客人送的礼物后，分别各家宴请，还要回赠礼品。

订婚：正式订婚那天，男方的父亲或叔伯、媒人、女婿及陪客，共同携彩礼前往女家。陪客可在兄弟或堂兄弟中选定，其礼遇与女婿一样。礼品大体可分为两类，一类是茶叶、糖、糕点；另一类是由媒人事前议定的，例如衣服五六套（衣料随时代而异）、现金若干（数百元至数千、数万元不等）、送岳父与岳母衣服各一套，以及给姑娘本人的化妆品、镜子、耳环、手镯、一顶黑色盖头。此外，还要给女方的“亲家伍”专门送礼。如果亲家伍只有几家，则每家送一包；若亲家伍太多且相距较远，可用“总茶”代替。“总茶”是象征性的礼物，在亲家伍各家间轮流接受，即如果这次送给了亲家伍的甲户，那么下次再遇喜事就送给乙户，以此类推。也就是说，虽然只给一户亲家伍送了礼，但却表示每个亲家伍都送到了。

无论是给亲家伍各备一份礼，还是以总茶代替，男方一行到女家后，即由女家的兄弟携礼送到亲家伍家里，告知男方客人已到，准备宰牲宴请来客。女方家招待客人进餐前，在女方父母、叔伯和亲家伍父辈若干人在场的情况下，先请亲家伍中的长老或一位善于辞令的长辈致辞，东乡语称为“告毕”，内容包括赞美婚姻、乡俗民情和宗教义理。致辞完毕，女方叔伯负责招待客人入席，家伍中的男女成员帮忙

做饭或招待客人。饭后男方一行返回，订婚仪式结束。

一旦订立婚约，双方均不能反悔。至于青年男女本人，则没有多少选择婚配对象的自由。定亲以后，男方家长每年斋月派儿子到未来的岳父家开斋，去时带活鸡、茶叶等礼物。这是男孩在婚前唯一能够见到未婚妻的机会。否则，直到进了洞房也不知道新娘长得什么模样。

新中国成立后，特别是改革开放以来，东乡人的订婚程序没有多大变化，但男女双方有选择对象的自由。除传统的包办婚姻外，自由恋爱、自主择偶的现象蔚然成风。即使是父母包办的婚姻，也须征求子女意见，如果本人不同意，则婚姻很难有结果。

二、丰富多彩的婚礼

婚礼是婚育文化中最生动有趣、最能反映各民族特点的形式之一，东乡族的婚礼也有自己的特色。

娶亲的前一天，男方宴请“家族亲戚”及媒人，商议娶亲诸事，叫作“家伍茶”。在家伍茶宴上，家族的长老被推在上席，其他人按辈分依次分坐两旁。茶饭毕，家族长老和男方家长分别就迎娶和招待事项，及娶亲人员的分工一一安排妥当。娶亲人员是男方的叔伯、兄弟、媒人、新郎及陪客。

娶亲的队伍天不亮便出发，以便早些赶到女方家。过去，在交通不便的山区，毛驴是人们迎亲的传统乘载工具；有些道路稍好的地区，也有用毛驴套架子车的。车的四周用木头、竹子、席子绑成小篷车，外盖彩单，内铺毯子。娶亲的行装比较简单，只带新娘穿的衣服一套、盖头一顶，木梳和篦子各一把，几斤核桃、红枣和糖块。现在，许多地方已用小汽车接亲了。

娶亲队伍尚未到来，女方的父亲、叔伯舅舅及“家族亲戚”的男人们，便早早迎候在大门外面。客人进门后按顺序入席坐好，娶亲的长辈即掏出50元或100元钱放在桌上（礼金随着时代也在不断变化），示意传给未露面的女亲家之后，女方便开始待客。首先泡上香茶，然后端上的是扭馓。其他食品是糖、肉包子、大碗烩菜、手抓羊肉等，丰盛实惠。女方的所有伺客人员一律站立敬客，不得入席。贺礼在院内当众送献，先由舅父开始。东乡族历来重视甥舅关系，舅父被称作

东乡族婚礼 东乡县文化馆提供

“牙孙尼额占”，意为骨头的主儿。舅父的贺礼只是面子上的事，随后即折算成钱退还于他，既示尊敬亦表示无权收受。然后，姐夫及亲朋宾客纷纷送贺礼，礼品除现金外，穿戴铺盖、挂镜、化妆品、暖壶、日用小品均有。除了白衬衣外，素白色的衣物忌讳上席搭礼。收礼由亲家伍一位性情开朗活泼的中年人主持，受礼时由他大声通报喊数，语气诙谐，气氛欢快。

请阿訇念“尼卡哈”（结婚证词）是婚礼中的一项重要内容。证词

大意为：结婚是圣行，祝愿双方婚姻美满幸福。虽然各教派在形式上不尽一致，但不外以下内容：须请清真寺的领拜人、阿訇或乡老当证婚人；咨询婚姻意愿；议定聘金；念“哈卡哈经”，然后大家祈祷。伊赫瓦尼、北庄门宦的过程是，岳父同女婿面向阿訇，岳父首先说：“我的姑娘许配给×××。”女婿即答：“我承领。”胡门等老教，岳父和女婿在大家的簇拥下跪在院内或房内的地上，新娘及亲眷均在内室不露面。坐在岳父和女婿对面的伊玛目或阿訇，询问男女方父亲和男女双方的经名、男女双方是否同意结为夫妻，由双方的父母、叔伯等代为回答，或由女方的父母耳提面命，勉为回答。但若有一方贸然说出“不愿意”之词，证婚人是不能念“尼卡哈”的，婚约即行解除。

议定聘金时，新娘的父亲先说出聘金数目不等，根据男方的家庭经济状况，阿訇及娶亲人评议酌减，最后由证婚人决定。这笔不及时付给的聘金，女方终身有索取权，即使将来夫妻感情不和离婚时，男方也应按女方的要求无条件地付给。如果夫妻感情好，成婚的当夜女方即表示让免一半以上，以后男方常常以缝制衣服或给女方买喜爱的东西表示履行诺言。

尼卡哈仪式完毕，阿訇等离席，娶亲人将随带的一盘红枣、核桃等果品当场散发，围观的人们一哄抢光，以示吉祥。

在热闹的婚礼上，岳父家的亲朋邻里和青少年总要想方设法“惩治”新郎及陪客，耍笑捉弄，用柳条抽打，使他们左右为难，无所适从。例行礼节后，在众人的追赶和哄笑中，他们趁隙溜走，而不与娶亲送亲的队伍同行起程。

送亲也是婚礼中的一个重要环节。新娘头盖一块四方彩巾，由其兄弟抱上毛驴或“篷车”，在娶亲人的陪伴下，新娘的叔伯、兄弟等随同送亲。在送亲队伍中，新娘还须有一位家伍中已婚姊妹或阿姑陪伴。这个伴客人叫“苏还赤”，除了陪伴护卫新娘外，她还要将陪送的两个箱子内的东西负责清点给新郎家和家伍看。新郎家要给予“苏还赤”较高的礼遇，其贺礼不仅要折算成钱退还，还要另送一块衣料以示答谢。

以前，新娘到夫家后，东乡族人还有唱“哈利”以表庆贺的习俗。由一名擅长婚礼说唱的民间艺人高呼“哈利”，众亲友们便和之，并整齐有序地按节拍拍掌或拍手臂，双腿弯曲如骑马姿态，左右横行或转圈，有时亦随呼声前进、后退，伴有简捷明快的舞蹈动作。

婚后第二天，还有吃“试刀面”的风俗，意为试试新娘做饭的手艺。

此外，有些东乡地区也有新娘哭嫁的习俗，不过时间不长，仅仅是个仪式。通常是在离开娘家和送娘家人返回时哭泣，表示新娘舍不得离开有养育之恩的娘家。

三、偷厨、打枕头及戏公婆

偷厨：迎亲的当天，新郎及陪客要将梳子和篦子送到正忙于给新娘打扮的房内，并给女眷们一定的“梳头钱”以示谢意。此后要前往厨房，向厨师、帮忙的阿姑、姊妹及岳母等众人说“色俩目”（真主保佑）。然后有人递上一碗满满的烩菜，请他们品尝，他俩辞谢、推诿不吃或转请厨师代吃，以此答谢厨师辛苦。在欢快的戏谑声中，阿姑们忙乱地用锅底黑灰往新郎和陪客的脸上涂抹；机灵的新郎则乘隙随手从厨房“偷藏”一件碗筷碟盘，或茶杯勺子，以此炫耀自己已把女方家做“茶饭”的厨艺偷到手了，以使妻子将来心灵手巧。

多斯伙接列：迎亲队伍离开女方家后，沿途所到之处，亲朋好友要备好茶点、糖果、肉食等简单的物品接风，俗称“多斯伙接列”，表示欢迎和庆贺。迎亲人员都要品尝接风食品，并和放“多斯伙”的亲友举行“告比”仪式。“多斯伙”场数越多，意味着婚姻越幸福。

追马趟子：当新郎骑马到女方家娶亲时，女方家来客中好逗乐者就用鞭子、柳条追打新郎的骑乘，以此来考验新郎的胆量和驾驭局势的本领。到了现代，随着用车娶亲风尚的流行，“追马”的习俗已演变为“追女婿”。当新郎和陪客先行一步离开女方家时，村上参加婚礼的年轻小伙子要追赶围截他们。新郎如果头脑精明，身体强壮，就会脱身，否则要向追赶者说“色俩目”，并表示歉意。这是女方考验新女婿的一种方式。这一习俗一直持续到20世纪末，现已不多见。

打枕头：打枕头是东乡族闹新房的一项很有趣味的内容。

婚日的夜晚，新郎与新娘的亲朋好友都来看“砸枕头”礼仪。蒙着彩巾的新娘坐在炕角，打扮得漂漂亮亮的姑娘们护围在新娘旁边，闹洞房的小伙子们不断地要求新娘打开箱子，看看新娘的绣花织物，箱子上虽然已摆放着一对绣花枕头，然而小伙子们还是找茬儿逗着说些俏皮话，要新娘赶快掀开面纱，打开箱子让大家观看，于是起哄着唱起《砸枕头歌》：

娶亲的日子好日子，
砸枕头的规矩是固有的。
头来是贺喜，
二来是恭喜
东家门上来送喜。
打一个调儿唱一个曲，
娶了一个好姑娘陪女婿。

一边唱，一边把枕头砸向姑娘，而护围新娘的姑娘们把砸过来的枕头又砸向炕角去，姑娘们也奋力地边砸边把冲上来的小伙子往炕下推，人们呼叫着，哄笑着，欢乐的场面要持续很久，直到小伙子们再三请求，姑娘们才把新娘的面纱掀开让小伙子们端详个够，最后新娘才打开箱笼，出示珍贵的嫁妆。夜深了新郎进入洞房后，小伙子们才纷纷散去。

戏公婆：部分东乡族婚礼当天还有戏耍公公婆婆或叔伯婶婶的活动。新娘送入洞房后，邻里亲友及来宾们将新郎的父母或伯叔拽住，往其脸上抹锅灰、墨汁、水彩等颜料，画成稀奇古怪的模样，在其头上戴高高的纸帽，耳挂一颗颗红辣椒，上身反穿长皮褂，腰系小铃铛，手脚用链或绳象征性地绑上，戏耍活动便开始了。主持人安坐在倒放的四方桌凳上，被众人时而抬起，时而放下，时而转圈，吆喝着示众嬉戏。然后将化妆打扮成小丑模样的公公婆婆倒骑在小毛驴或黄牛、骆驼上，经众人吆喝几声，动物连踢带跳，惊心动魄，宾客亲友们则笑得前俯后仰。公婆无可奈何，也只能满脸堆笑。

东乡族民间称此为“戏公婆”，认为这是对男家娶亲赏脸的庆贺。

回门：婚后第三天早上，新娘由婆婆或奶奶及新郎伴送到娘家“回门”住一天，新郎和婆婆告辞回家，新娘则留下，在娘家住一夜后，新娘再由父母及小弟妹做伴返回婆家。双方对“回门”来宾都要设宴热情款待。

第二节　家庭观念与生活习俗

东乡族群众不仅有敬老的优良传统，家族、家庭观念也很强，平时邻里互助，外出相互照应。东乡族的“告比”仪式和民族节目也很有特色。

一、家庭观念与敬老传统

东乡族的家伍观念根深蒂固，家伍，就是汉族地区通常所说的本

家。家伍由与父亲有血缘关系的亲族组成，有亲家伍和大家伍之分。一个祖父的直系后系组成的单独家庭，便互相视为亲家伍；出了这个范围的曾祖和太祖的后代，便叫大家伍。家伍的宗法权力是不小的，

幸福的东乡族老人　马忠华摄

排解家庭纠纷，儿孙分居时分配财产，以至婚丧祭祀，都须亲家伍会商解决。亲家伍解决不了的，由大家伍办理。这更表现在专横的家长制，长子的支配权，幼子的优厚继承权等方面。过去，如果一家要变卖房屋土地等固定资产，必须先请示亲家伍，而后再向大家伍出售。如果亲家伍或者大家伍中没有人买，才能卖给别人。如亲家伍或是大家伍有人想买时，售价须大大低于售给旁人的价钱，优惠的原因是因为都是一个先人的后代。估价、作价由大家伍的长辈们主持商定，卖方不能讨价还价。家伍中辈分越大的人，说话的分量就越重。在外面挣了钱，在家伍中不能显摆，辈分很重要，不能跨越。这种宗法式伦理道德由来已久，并较为牢固地维系着东乡族的社会心理。

东乡族向来注重血缘近亲关系，看重亲戚关系，素来把“扶助亲族，拉拔亲戚”当作“尊亲”的道德习惯。东乡族是以家庭为主体的村落社会为基础的。从东乡族村落社会的情况来看，宗教信仰在村落社会的发展中占有重要的位置，并深刻地影响着村落社会生活。东乡族的社会心理把伊斯兰的伦理放在至关重要的地位。一个人的伦理修养精神面貌，关系到他的信仰是否纯正，虔诚；伦理道德状况不仅在宗教生活中表现出来，而且也普遍地在日常的世俗生活中表现出来。

东乡族村落由于地缘观念产生的亲族观念特别强，所以显示出很强的凝聚力和认同感，构成了十分紧密的集体，因而组织互助协力成为代代相传的习俗。这种习俗的主要表现有：

婚丧大事的协力互助。东乡族村落中有结婚庆典时，村里各家各户都有出人力帮忙的习俗。婚事中操办帮忙事宜由大家伍的长者出面组织，女的帮灶炸油果、酥散、馓子、酥盘，操办宴席，男的帮着宰牛羊、端盘子、备柴、接待等，各项劳务杂役都有较细的分工，井井有条。

修建房屋的协力互助。这是东乡族历史流传下来的帮工互助的惯例，特别是在打庄窠，筑围墙盖房子时，全村劳力出动帮忙，甚至家里没有成人男劳力时，妇女孩子也来参加担任辅助劳动，房东依惯例供给帮工饭食。耕种收庄稼打碾场时的换工互助，也是遗留下来的协力习俗。凡不参加各种协力帮工活动的人，往往会受到全村的谴责。

东乡族至今仍然保留着浓厚的敬老传统。在家庭生活和社会生活当中，老年人普遍受人尊敬。

平时，人们走在路上，晚辈们不管碰见同一村落、外村的老人或较之自己年长者，都要首先上前道“色俩目”（祝安词），问候寒暄，并让道给老人先行，自己尾随其后。老人们谈话时年轻人要洗耳恭听，即使老人们说的话不对，不入耳，他们也从来不打断老人的话，一直等到老人们把话说完才表达自己的观点和想法。父辈与外人交谈时晚

辈从不参与说话，如果抢着说话或随便插话可视为没教养，涵养低。如果在同宗族村子或周围有婚丧等重大活动时，都请老人们拿主意，定夺操办意见，由年轻人去跑腿办理。每逢“开斋”和“古尔邦”等重大节日清晨，晚辈们首先相约大家族中的年少者和晚辈一起，或三三两两到长辈等老人那里说“色俩目”，表示祝贺，然后才由长辈等老人到年轻人家中贺喜道“色俩目”。在人与人之间发生纠纷时，老人们提出的调解意见特别受到重视，使矛盾化解平息，言归于好。年轻人每当在生产、生活中遇到棘手的事情时，他们会主动请求父辈老年人出主意想对策。有条谚语说：“丢底不如领教”。足见东乡人重视老人经验的程度了。

在家庭生活方面，让长辈、老人住家中最好的大上房，穿戴做到整洁舒服，吃饭时先请老人坐上座或上炕坐中间，老人先动口品尝，然后大家方可进食。吃鸡时鸡尖要留给老人吃。晚辈不能当着老人的面吸烟，更不能在自家老人面前喝酒。到东乡人家做客时，客人中的老人也特别受尊重，客人临进东家的门口时，同行的一伙客人要互相谦让老人先迈步入内，上炕落座时大家要礼让老人坐中间上席，其余者按年龄大小在两边陪着老人依次落座。主人给客人沏茶、吃饮、吃肉时，先敬老人动口然后大家才动口。席间以长者的话题为主谈古论今，年少者不多言，也不转换话题谈别的事。

在东乡族中不孝顺父母长辈的事不多见。如果偶尔出现个别不尊敬老人的，就会被认为败坏了传统敬老美德而立刻受到众人的严厉谴责，使其没脸见人，威信扫地。

二、民间的生活习俗

东乡族喜戴茶镜。东乡族居住在黄土高原上。这里光照充裕，紫外线辐射较强烈，人们喜爱戴一副水晶石茶镜，以保护眼睛。东乡人

讲究用水晶石琢磨的眼镜，对光学玻璃制的眼镜不屑一顾。东乡族戴眼镜很有讲究，他们把水晶石磨制片叫“水镜”，把茶色石英磨制的镜片称“茶镜”，深色茶镜叫墨镜，戴水镜喜欢镜片大，纹理细腻，如果在阳光下摆动眼镜，纹理闪烁摇荡，如一缕清泉者为佳。“茶镜”以色汤者为正品，颜色偏棕、偏红为次，颜色深度按深浅为一个至六个等级，一般以两个和四个色为最好。“墨镜”，一副眼镜两枚镜片一块晶体上紧挨着分解下来为好。这样两只镜片，色度一致，质彩相同。虽是一块石头上截取的镜片，但中间隔开几片，配为一副眼镜，就大为逊色了。

东乡族戴眼镜的行家们认为，眼镜的年代久远者日月功力深。他们夜晚把眼镜沉到水中，或塞入泉眼，让诸泉之水洗漱，有的还把眼镜装进正在生长的莲花菜心，滋养活力。据说，这样一副眼镜就活起来了，对视力有神妙的保护作用，同时他们认为眼镜的镜片直接贴着眼睑，才能发挥作用。一般讲究镜片不镶框，但对金边和银边眼镜也十分喜欢，镜腿多用钢制与蜢蚱腿，利用镜腿弹性牢牢卡在太阳穴上，镜片与镜眼用黄铜做成如意联结，不喜欢用珐琅饰件镜框，一副好的“茶镜”价值相当于一匹好马。

东乡族的试刀面也是民间一件很有意思的习俗。新婚初嫁，新媳妇首次进厨下灶做长面，款待夫家和贺喜的亲戚本家，这习俗源远流长，直到现在在东乡族自治县境内也很盛行。东乡人举行婚礼吃宴席，紧凑、快捷、简单有序，在举行婚礼当天要摆许多桌宴席。到了第二天吃晚饭时，大家按规矩要品尝新媳妇的试刀面。这顿试刀面对新婚的姑娘们是举足轻重的，是对新媳妇下灶的第一次考验。做好了众人赞美，做不好受人讥笑。

东乡人对试刀面还有很多讲究。对新媳妇取面、调面、况碱、揉面、擀面、切面都有一整套的程序，看你手脚是否麻利，面要擀得薄、

滚得圆，里外厚薄一个样，面条切得一条线，一把装一碗。汤醋或是酸浆水炝得馨香四溢，浓淡合乎当家人的口味。忌讳新媳妇先尝，更不许灶灰、面粉弄脏衣服脸面，闹出笑话。

相新媳妇的人们，既看她的长相模样，也欣赏锅灶本事，好了品头品足地啧啧夸奖，瓤了会用很刻薄的语言说三道四，让新媳妇难受。

试刀面的安排都井然有序。到时，吃试刀面的、看新媳妇的人很多。一派欢乐畅顺气氛。在席面上先端了擀面条，遵循老习惯，吃面条者啧啧称赞新媳妇的好本事。尝完新媳妇的试刀面，又上拉面。大家都很开心，群众还有许多说试刀面的俚语。

新媳妇的试刀面，
吃得公公婆婆活百年，
吃得亲戚来往不间断；
吃得睦邻友好心相连，
吃得全家和气又团圆。

"伺客"习俗，也是东乡族待客时流行的独特风俗。"伺客"充分显示了东乡族人民的热情，对客人的尊敬。当你做客来到东乡人家时，主人便很快为你宰鸡、宰羊、炸油香，热情地沏上三炮台碗子桂圆冰糖茶款待。在招待时，他们还要伺立一旁，一再劝客人吃饱喝好，这就叫"伺客"，即主人不能和客人同时进餐，而是伺立在餐桌前一再劝客人进餐，一直到客人吃完，通常是"伺客"者不给客人端饭沏茶，只是再三敬劝客人进餐。在吃鸡、羊肉时，还用硬性分配肉块的办法让客人尽兴吃饱喝足。每逢重大的婚宴等多席座场合，他们还要选请"家伍"里年长者分别站在席位前"伺客"。当"伺客"者虽说是站在桌前劝餐，仍有一定的难度，因为在东乡，客人进餐时还要讲究一个尽量少吃的礼貌性习惯，以示客人谦虚修养高。这就要求“伺客”者有耐心，善言语，能劝客人吃饱喝足。要做到这点并不容易，因而，有条谚语说“请客容易伺客难”。

东乡人对“伺客”习俗非常看重，他们认为待客不“伺客”是一件极不礼貌的事情，主人家因而也不算是一个有礼貌的好家庭。

三、有趣的告比仪式

告比仪式是信仰伊斯兰教及东乡族特有的一种风俗文化。在婚礼进餐之前，要先举行“告比”仪式。告比是请家伍中的长辈或是推选家伍中能说会道的长辈讲话，内容一般是贺词及教育新婚年轻人的感言之类，之后东家请客人入席就餐。

一般由男女双方各出一名代表预祝婚姻美满，喜结亲家等。告比说词的类别有：

贺喜说词：东乡族男婚女嫁时，在婚礼期间，村上的各民族的亲戚朋友们结帮联名，带上礼物，集体到事主人家贺喜，举行告比仪式。行至大门口，主人一家列队迎接。进门后将礼物贺幛等放在桌上，贺喜者便会举荐一位有威望者代表来客高声唱述祝贺的词语：

今日，
你们东家的肝子块儿，
像花园的牡丹开放，
长大成人大办宴席，
将要开花结果的时候，
我们全村的兄弟，
应当是重重地带上了礼物，
排排场场地恭上一个大喜，

给东家好好地长个精神是应当。
可是世俗薄单、光阴难寒，
我们拿了一些眼见的简简单单的礼物，
……

接礼说词：在贺喜者唱述完贺喜说词后，接着，东家也讲一段接礼说词表示谢意：

今日，
我们随随便便地，
办了一件小事的时节，
惊动了亲戚骨肉、庄院邻舍，
你们遵照上面这一段的尊言，
带来了沉重的礼物者，
你们尊贵的贵脚，
踏进了我们的贱地的时候，
我们实在担当不起。
……

谢媒公：新亲家宴席一毕，送亲人临行前，男方东家选一位能说会道者为代表，当众高唱此词以谢媒公，并向媒公交代新人家馈赠给他的“目勒外提”（礼物）。紧接着就是高声唱述谢“媒公说词”，并说“色俩目”结束：

今日，
我们夸的媒公爷好，

凡事皆有缘由，
媒公爷遵行这一段的尊义者，
东头跑到西头，
西头跑到东头，
高山上点灯万里明，
沃土中栽花花根深。
今一日，两家成亲，
全凭是媒公爷的引进，
你们两家作了这门亲事，
是媒公爷的缘由。
……

谢送亲说词：在婚宴上，还要对前来送亲的人们表示心意，所以在告比仪式中还有一段谢送亲的说词：

今日，
我们两家作亲，
两家儿女配婚的时节，
送亲娘娘，
一路风寒，
千辛万苦，
把大家道的女儿，
送到我们小家庭的时候，
应顺道理是，
从头到脚、
从盖头到鞋，换上一身新穿着是应当。

但是世俗薄淡，
小户人家力量有限，
现在，就是眼见的这些。
……

临行谢词：女方送亲一行辞行前，选一个代表向男方东家致临行谢词，感谢东家盛情款待。最后，还要向东家交代一下女儿（即新娘），然后说“色俩目”告辞。

可是夜长日短、冷月寒天，
我们还是慢雀儿早起者早飞。
好在，我们——
一来是亲戚们交代我们的吃饭不知道饥饱，
睡觉不知道颠倒，
绊倒不知道“哎哟”的女儿，
从今以后，托你们指教，
靠你们拉连者活人！
二来，我们领受了你们珍贵的礼物者，
向你们道谢告辞者说“色俩目”吧——
哎色俩麻勒孔目！

现在这种风俗已经淡化，只是简明扼要地把事情说明白就行了。

四、民族的几大节日

开斋节：每年的教历十月一日，是信仰伊斯兰教群众盛大的“开斋节”。“开斋节”又称尔德节。“尔德”是阿拉伯语的音译，即回归及欢乐的节日的意思。早在公元614年，伊斯兰教的创始者至圣——穆罕默德就规定，成年的穆斯林在每年教历九月（阿语为热麦丹月），要斋戒一个月，于是把九月定为斋月。

开斋节礼拜　马志勇提供

斋月期间，穆斯林在“晨礼”前（一般在后半夜三四时）都要吃好封斋饭，听见清真寺的“邦克”声后，再不能进食，举意封这一天的斋，整个白天不能进食进水，断绝一切邪念，以示虔诚真主，按时进寺赶拜五时礼拜。在斋月里，晚上“昏礼”后开斋。九月二十七日晚叫“盖德勒”夜，这一夜以一个寺为单位，宰一只羊，各家各户做煎油饼和白面饼，到寺内，肖礼后赞主赞圣，阿訇讲“瓦尔兹”到通宵，一直到第二天清晨封斋时为止，拿上散的油饼和肉，到自已家中封第二天斋。

斋月的目的是抑制个人的私欲，让人们尝试饥饿的滋味，不要挥霍无度，使富裕者体验到贫困者的不幸，唤起人们的同情心。

开斋的这一天早上三四点钟起床，换上“乌苏里”和“阿卜德斯”，意为大净、小净，穿上节日服装，然后到家族各家互道“赛俩

目”，有些门宦的人手捧香，先上拱北，后走家祖坟院，念“亥亭”。到早晨8时去清真寺，9时正，上礼拜殿作“尔德”礼拜。然后回家，开始邻居家相互拜节。到了初二或初三，青年人夫妻俩拿上炸的油果、馓子、茶叶、冰糖、桂圆等礼品上岳父、阿舅家说“赛俩目”。亲戚、朋友、同事间相互拜望一直延长到初四、初五才告结束。

宰牲节：又叫“古尔邦节”。“古尔邦”在阿拉伯语中称作“尔德·古尔邦”、“尔德·艾祖哈”。“古尔邦”、“艾祖哈”都含有“牺牲”献身之意，汉语把这个节称作“宰牲节”。时间是每年教历十二月十一日，即开斋节过后的第70天。

据说很早以前，阿拉伯先民们宰一定数量的牛、羊、骆驼，分送给周围的人，以示对真主的诚心信仰。当时有一个很贫穷的虔诚的信徒叫易卜拉欣，没有牛羊可宰，别人轻视、耻笑。在一个夜晚，他沐浴更衣，向安拉许愿说：“哎，慈悲的主，如果你让我生儿子，我就把儿子宰了来表示我的诚心。”以后不久，他的妻子怀了孕，生了一个白胖的儿子，他却把向真主许的愿忘了个一干二净。儿子长到12岁那年，一天晚上，他连续做了三次梦。梦中有人说：“你许愿宰儿子，怎么不宰了?”易卜拉欣醒来后，再也不能入睡，想起对真主许的愿，决心要宰儿子，以表示自己的诚心。第二天他把儿子领到山上去游玩。这时父亲向儿子讲述了过去向真主许下的诺言，儿子听了以后说：“我顺从你的话，你要实现对真主的诺言，你把我宰了吧。”于是父亲向儿子的脖子下了刀，刀却不能进肉而卷刃。易卜拉欣第二次举刀准备动手时，在他的前面却来了一只很完美的绵羊。他宰了绵羊，代替了儿子。忽然听见有一个声音说：“易卜拉欣啊，你实现了梦中的诺言，我慈悯一切行善的人。”为了纪念这一事件和感谢真主，教法规定每年教历十二月十一日，有一定经济能力的人必须宰一只羊、一头牛或是一只骆驼，来表示对真主的感谢和

诚心。这天早上9时，大家沐浴更衣，到清真寺做礼拜结束后，宰羊，做“古尔邦”。这种活动一直延续到教历十二月十四、十五日结束。

圣纪：是信仰伊斯兰教的群众，每年教历三月十二日为纪念穆罕默德诞生和逝世的节日。公元570年，教历三月十二日，在阿拉伯半岛沙特麦加古来氏族中诞生了至圣穆罕默德。穆罕默德未出生前丧了父亲，六岁丧了母亲，八岁丧了祖父，跟随叔父为别人放牧羊群，以后又跟富商赶驼跑商，生活艰苦，风雨锻炼。受有关天堂、地狱、死后复活、赏善罚恶等宗教思想和“哈尼夫”思潮影响，他40岁时开始传教，到63岁时完成了传教任务，历时23年。公元632年教历十一年三月十二日，至圣穆罕默德在麦地那与世长辞。穆斯林便把这个日子定为“圣纪”，每年按时举行。

阿守拉节：“阿守拉”一词是阿拉伯语的音译，即伊斯兰教教历的一月十日。相传，真主在这一天造化了人类的始祖阿丹和哈哇。阿丹和哈哇分散了若干年后，在这一天重新相会。在东乡，阿守拉节主要是妇女儿童们聚会的节日，每年由各家主妇轮流操办。一个村子里，哪位掌家的妇女吃上鸡头明年就轮到操办，其余各家各户只出一些小麦和清油。男人们念过经，作过祈祷仪式后，简单一吃就走了。剩下妇女儿童，边吃边说边笑。阿守拉节上，有一种特制的美味可口的肉粥，东乡语叫“罗波弱”。它是专门用各种囫囵粮食做的，方法是将小麦、青稞、蚕豆、扁豆、玉米和肉丝等混煮在肉汤里，黏糊糊的，再泡上油饼，吃起来味道鲜美。东乡族自古就流传一首童谣：“阿守位，依结之唐土啦。”意为阿守拉节，吃得撑破了肚皮。对东乡族妇女来说，“阿守拉”还有粮食节的寓意，有对当年的粮食丰收、五谷丰登的美好祝愿。

第三节 语言、文学及体育

东乡语属于蒙古语族，其中汉语的借词也不少，东乡族也有自己的拼音文字“土语小经”。东乡族的民间文学在新中国成立后得到很快发展，民间体育和游戏也很有特色。

一、“撒尔塔语”与“土语小经”

东乡族有民族语言，无民族文字。多数东乡人兼通汉语，汉字是东乡族通用文字。东乡语属阿尔泰语系蒙古语族，日本及西方一些国家的著作中称为“撒尔塔语”，与中国的蒙古语、土族语、保安语、东裕固语、达斡尔语和国外的布里亚特语、卡尔梅克语、莫戈勒语同源。据有关资料记载，在词汇方面，东乡语包含了相当数量的与同语族语言同源的词（绝大多数为中世纪蒙古语），占50%以上，此外汉语借词比重较大，占词汇量的30%～40%。东乡语词汇中还有不少突厥语、阿拉伯语、波斯语，过去一般认为是借词，近年有关专家认为这是东乡语保留下来的固有词汇。

现在东乡族自治县境内85%以上的东乡族群众和境外聚居的东乡族人中的大部分使用东乡族语，会东乡语的还有和东乡族杂居的回、汉、维吾尔族和哈萨克族的少量群众。东乡语属于阿尔泰语系，蒙古语族。东乡语没有方言差别，根据语音和某些词汇差别分为锁南坝土语、汪家集土语和四家集土语，东乡语中有一部分阿拉伯语、突厥语、波斯语的词汇。

和同语族语言相比较，东乡语有许多特点。东乡语在语音方面一般认为有7个元音，11个复元音和28个辅音。语法结构多与蒙古语相同，一般没有方言的差异，没有长短元音的对立，基本上不存在元音和谐律，构词或构形附加成分一般只有一种语音形式。

东乡族在民间使用一种用阿拉伯字母拼写东乡语的拼音文字，人们称之为“土语小经”。“小经”又称作“消经”、“狭经”，百姓多称“小儿锦”，它是回族、东乡族等国内信仰伊斯兰教的民族使用的一种用阿拉伯字母拼写的汉语拼音文字。

阿语书法 胡亚泉摄

所谓“消经”，是将伊斯兰教经文加以消化之意。在新疆，是将仅有辅音的阿拉伯语经文加上标注元音的符号，这种标注元音符号后的《古兰经》等经典，即为“消经”。而在甘、宁、青一带，则是将经堂中所学的经文用阿拉伯字母拼写成汉语，以便课后复习时参考，这种办法称为“消一消”。“小经”是与《古兰经》等经典相对而言，那些经典称为“大经”，而用阿拉伯字母拼写的汉语辅助读物叫“小经”。小儿锦是消经或小经的变音。这种文字基本上是对汉语词汇的拼写，其中也有一些阿拉伯语和波斯语词汇，有时还夹杂着少量的汉字。清代以来至 20 世纪末，有些地方的清真寺或个人编印大量间有“小儿锦”译文的宗教读物，有的读物整本都是用“小儿锦”拼写的。“小经”文字的流行范围几乎遍布中国所有东乡族回族聚居地区，中亚的“东干”人也曾经使用。它盛行于清代和民国年间，随着汉文教育的普及，使用人群逐渐缩小，但至今仍在一定范围内使用。

关于“小经”的渊源大致有两种说法：有一种说法认为，大约在

唐宋时期，来华的穆斯林为学习汉语的需要，用阿拉伯字母作为拼写汉文的工具。这种说法尚无确凿依据。第二种说法则是认为小经诞生于经堂教育前后，经堂学员们为了便于理解、记忆和掌握、消化所学内容，就用阿拉伯字母拼写汉字以作注释和笔记。

在西安大学习巷清真寺内，有一块颂扬修建清真寺善举的阿拉伯文碑，其中有用小经拼写的撰文者及修寺人的姓名籍贯，碑文撰于伊斯兰教历 740 年，即公元 1339 年至 1340 年间，正当元代。

小经的使用范围有经常教育、宗教生活及社会生活。在经堂教育中应用：经堂学员大都使用汉语作为交际工具，却普遍不识汉字，于是便借助小经作为“拐杖”，使用阿拉伯文字母拼写汉语，用以学习阿拉伯语和各种伊斯兰教经典。在宗教生活中应用：许多清真寺的阿拉伯文、波斯文石刻中，夹杂有大量的小经。1954 年临夏印行的一本《信仰问答》上面印阿拉伯文，下面附有整段的小经译文。在社会生活中应用：小经也被广泛地运用于东乡族、回族等族人民的社会生活中，成为他们学习汉文、记事和通信的工具。

东乡族中有这样一句俗语：“小儿锦写不通，就连天仙也难懂”。尽管小儿锦存在随意性大、晦涩难懂、缺乏规范等，但它是目前人们所知的最早的汉语拼音文字，也是中国文化与阿拉伯文化相互融合的又一产物，时至今日仍在一定的范围内被使用，具有毋庸置疑的历史价值。正如著名学者冯增烈先生所言：“它应该载入汉语拼音文字史，也应该写入中国伊斯兰教史和中阿文化交流中去。”

二、民间文学与艺术

东乡族民间文学以它特有的艺术风格，从不同角度反映了东乡族人民从古至今各个历史阶段的社会实践、思想感情、美好理想和民族心理状态。东乡族文学主要为民间口头文学，有民歌、叙事诗、传说、故事等。在民歌基础上发展起来的叙事长诗，反映了东乡族人民不同历史时期的社会生活和民族心理。其代表性作品有《米拉尕黑》、《葡萄娥儿》、《略略调》等。

新中国成立后，东乡族的文学得到了很快的发展，开始有了自己的作家和诗人。东乡族诗人汪玉良根据民间文学题材，先后创作了叙事长诗《马五哥与尕豆妹》、《米拉尕黑》等。《马五哥与尕豆妹》主要描写了清朝末年，在河州莫尼沟具有强烈反抗精神的童养媳尕豆和邻村伙计马五，大胆地从相识到自由恋爱的爱情绝唱，在东乡广为流传。

在东乡地区至今仍流传着不少富有生活情趣和神话色彩的美丽传说。除《米拉尕黑》之外，还有《哈木则巴巴》，表现了哈木则巴巴带经传教的故事。民间故事《撒尔塔尕艺》描写东乡族英雄撒尔塔尕艺用智慧和勇敢战胜恶龙，使一方百姓得到保护，过上了幸福生活。《秤够湾的故事》是东乡族人民对自己撒尔塔先民迁徙东乡地区等重大事件的记录。《璐妇人斩蟒》和《勇敢的阿里》是讴歌和赞颂主人公舍生忘死为民除妖，靠自我牺牲精神战胜邪恶的感人故事。《璐妇人斩蟒》还同时印证了流行于东乡族婚礼仪式中吟唱"哈利"（即祝歌）这一古老风俗的来历。《赤孜拉妩的传说》以传奇式的情节注解了"赤孜拉妩"这一地名和民间乐器"咪咪"的由来。《葡萄山与高陵峙》则反映了东乡族和汉族人民团结互助、共建美好家园的美好愿望。

东乡族民间文学中最为丰富的是生活故事，所反映的内容涉及生产生活的各个方面。它多以浪漫主义的形式，生动地展示了劳动人民的智慧勇敢以及追求幸福生活的坚定信念。

故事《璐妇人斩蟒》反映东乡族婚礼习俗，表现东乡族妇女的勇敢、智慧和自我牺牲精神。《玉哈斯的故事》是流传在东乡族人民中的机智人物故事。它嘲讽了富人阔佬的贪婪、愚昧，歌颂了劳动人民的机智聪慧。

《新媳妇驱鬼》无情地鞭笞了狡诈凶狠、巧取豪夺的老土豪，歌颂了勇敢智慧的新媳妇。《阿布都的巧计》塑造了一个以妙计制服豪强的劳动人民的光辉形象。

滑稽故事和民间趣闻诙谐幽默、妙趣横生，篇幅短小精悍，于嬉笑怒骂中给人以精神享受和寓教于乐，如《三不做》、《进面馆》、《愁肠》等。广为流传的一些童话故事，更是情节生动、凝练，富于启迪和教育意义，在东乡族民间故事中占有重要地位，如《三姐妹》、《挡羊娃与牡丹花》、《尕孙子》、《蛤蟆灵丹》等。还有一些寓意深刻，闪耀着智慧火花的寓言故事，如《地达达的妙计》、《虚荣的喜鹊》、《兔子和老虎》等。

除了民间文学，众多民间艺术也是东乡族值得骄傲的一个方面。东乡族的民间艺术主要有：小调、四弦、咪咪、什鸦、哈利舞、刺绣、雕刻等。这些形式多样的民间艺术，以其特有的艺术风格，从不同角度反映了东乡各族人民从古至今各个历史阶段的社会生产、生活情况以及他们向往美好生活的心理状态。

小调：小调是指在日常生活中演唱的民俗民歌，如《卖饺子》等，适合于广大劳动人民在休闲娱乐中演唱。

四弦：跟一般四弦不同，弹时用两个手指，手指在四根弦上来回拨动，曲调优美，有《四季歌》、《绣荷包》、《五更月曲》、《十二月》等曲牌。

咪咪：又称筚筚，原为中亚游牧民族的乐器，由东乡族先民撒尔塔人从中亚传入，是一种竹制独奏乐器，类似竖吹的排箫，音色细长而尖亮，介于竹笛与唢呐之间。制作方法是把两根 5 寸长、小指般粗细的竹管用红绿色丝线并排扎在一起，用烧红的火筷子在两根竹管上分别烫 5 个小眼，再将竹管两端用细铜丝缠裹，用杨柳树枝皮制成像唢呐片那样的芯子放进竹管，然后噙在嘴里吹奏。吹奏时，两手执管按孔，口含簧哨竖吹，音域两个八度，音调的特点是明快、轻柔、悦耳、动听。“咪咪”是“花儿”最好的伴奏乐器。

什鸦：东乡族语，系用红胶泥捏成的一种形似葫芦的罐状乐器，只在胸部开两个小眼。吹奏时，手执什鸦，嘴吹罐口，用小指或按或放在两个小眼上，声音节奏就可即时而起。

哈利舞：东乡族人流行在婚礼唱“哈利”，通过歌舞尽情表达对新人的祝福。新娘被迎到婆家后，亲朋好友开始唱“哈利”，众人相和，并随着节奏拍手臂，或做出下蹲、跳跃等各种舞步姿势，左右转圈，随呼声前进后退，唱词由宾客即兴编唱，内容多为祝贺、赞颂之词。

工艺美术：东乡族的工艺美术一般表现在家庭习用铜器，如火壶、汤瓶等物上，以及刺绣和建筑方面的木雕、砖雕上。自制铜器上多以錾花、雕镂、模冲、镶嵌等装饰手法，在器物中间或边上附以花纹图案，讲究实用美观。

东乡族建筑中广泛应用木雕、砖雕艺术。木雕技法主要是阴刻线、浮雕、镂雕等，多表现在插梁、飞椽、垫板、梁椽、挑席、斗拱、隔扇、墀头以及门窗的菱花、隔心、裙板、绦环等部位，雕刻内容多为抽象图案。捏活是用加工配制的黏土泥巴，用手和模具捏制成花卉图案，而后入窑烧制而成。砖雕是用刻刀在青砖上雕刻的各种浮雕图案和花幅，多用于照壁、壁墙的各个部位，因物设图，巧施雕镂，极富艺术美感。

三、民间体育与游戏

东乡族在漫长的历史岁月中，创造了不少生动有趣的民间体育活动。

当尕打：东乡语，意为打土块仗。秋天，田野开阔，土块松软。村与村之间青少年相约，选择一块开阔的田地，用唾手可得的土块相

对打，斗智斗勇，胜进败退，胜方步步紧逼，败方节节后退，直追到败方进入自己的村庄或用其他方式表示投降为止。有时，本村壮年、老人也会参战，以取乐健体为戏，成为一种乡俗。

别烈棍：又称打“地骨都”。“别烈”系长尺余的木棒，手握一头圆，击球一头略扁，“地骨都”系树枝削制而成，长约3厘米、直径约1厘米。这项活动分甲、乙攻守方，攻方发起“地骨都”，守方在远处接捉，分腾空接捉和掷回接捉，以连接捉3人后换庄，近似垒球，但场地与垒球场有别，场地分前岗、后岗及防守区。换庄则罚喊“啦素”，即胜方让败方用憋气办法跑完一定的距离，此项活动多在冬春进行。

赛马：分为两种。一是结婚时新郎跑马。新郎到女方家娶亲时，必须骑上骏马。举行仪式后，新郎与陪客火速跑出女方家门翻身上马，驱马赛跑，在女方村庄人面前显示本领，让人评论是不是一个真正的男子汉。二是举办赛马会。新中国成立前一般是由多个村庄联合举办，也有马友相邀举办，尤其逢集进行马匹交易时，为选好马而经常进行比赛。新中国成立后主要由县、乡政府举办。从比赛的形式讲，主要有速度赛、耐力赛、花样赛、走手赛等。

拔腰：两人面对站立，左右距离稍错开，上体前躬相互抱腰，做好准备动作，裁判喊“开始”，双方发力，尽力将对方提起，脚离地面失去重心者为输。抱腰方式有两种，即单手抱和双手抱。拔腰简便易行，随兴即拔，此项活动在东乡随处可见。

抛嘎：打“抛嘎”是东乡族群众经常开展的体育活动。设备有绳子和装石子的窝子，绳长1.5米左右，中间是盛石子的窝子。使用时，将绳子的一头圆孔套在中指上，另一端折叠后夹于拇指和食指间，中间窝子处可盛鸡蛋大的石子，运动开始时瞅准目标，松开拇指和食指夹住的一端绳头，石子即飞出。这项比赛分比远、比高、比准。

踢毛丫：毛丫有两种制作形式：一种是将山羊毛一撮插入广口钱孔固定而成，另一种是在固定的底盘上用鸡毛杆做筒状插入鸡毛而成。比赛方式有单人赛、集体赛。动作有正踢、反踢、脚尖踢、足底踢等20多种，在少年儿童和女青年中广泛开展。

摔跤：东乡人把摔跤称为“巴哈邦地”。东乡族青少年中流行的摔跤分“死跤”和“活跤”两种形式。“死跤”，比赛双方事先以“花花腰”形式搂抱好，然后摔绊，以臀部以上着地为输；“活跤”，赛前双方固定站立，相互伺机进攻，可以摔、绊、拉、抱，手脚并用，致使对方臀部以上着地为赢。

咭骨杜：农闲时，在每个山庄空旷的场地里，一群群青少年手拿木棒，不停地飞跑掷击，乒乓有声，这叫作“咭骨杜”。比赛时，把参赛者分成人数相等的两组，划好方位。场地大小因地制宜，一组用木棒把“咭骨杜”敲过来，另一组必须迅速准确地敲过去，有点像打羽毛球。比赛时，双方要记分，得分多者为胜方。胜方往往高兴地用东乡语唱道：“不用眼力不得窃，不用臂力不得窃，咭骨杜乒乓飞得高，亢窝（东乡语：意为娃娃）再敢傲不傲。”“咭骨杜”是一个鸡蛋大小的椭圆形木球，用硬木削成。

除民间体育活动外，人们在休闲的时间里活动比较单调，娱乐项目也很少。东乡族群众发挥自己的想象力和兴趣，创造了不少适合自己的民间游戏。

下方：流传于民间的下方有四路、五路、七路、七路八、围和尚、叉叉裤等形式。青少年多以规则简单的四路、五路、围和尚、叉叉裤等为戏，成年人多以规则复杂、招数多变、趣味性强的七路、七路八来斗智。每当农闲时节，乡间下方者甚众，例如七路这种游戏，画纵横平行交叉线七条构成方盘，方子用就地而得的石子或小木棍，比赛一开始，双方极力抢占有利位置，布满方子，布满之后，以自己密集

成方的有利位置不断组方，吃去对方的方子，破坏对手的成方，巩固自己的有利形势，直至对方无力抗衡认输。

划暗码：比赛双方在规定的范围和时间内，寻找隐蔽的地方用最快的速度来划“l”字符号，然后双方对找，用最快的速度找到对方手划的“l”符号，最终以自己划的暗码被对方找到的多少判胜负，让输方模仿鸡斗、兔跳等动作为乐，是脑体结合的游戏，多在青少年中开展，有集体赛和个人赛。

捏泥人：用泥团捏成各种动物和几何图形来比赛。比赛必须规定捏什么，然后各自发挥自己的才智，尽力做到跟人们所熟悉的事先规定的形象相接近，然后大家品评，分出优劣。

东乡族体育运动　马忠华摄

打响炮：是将泥团捏成碗的形状，底薄边厚，然后由上向下用力扣摔，以响声大小来衡量制作技巧和比试力量。青少年多以此种游戏发挥自己的才能。

拉牛：将一直径约 3 米的环形绳套在面对面的 2 人颈项上，拉直后开始比赛，靠身体和颈部力量将对方拉到自己的方向，直至使对方脚过规定界线或失去平衡认输为止。用同样的方式坐下来对拉，以此来比赛力量的大小和用力的技巧。

顶牛：将田野、山间生长的一种似箭状的植物茎摘下，放在衣服和裤子褶皱的槽缝里，然后手拉槽缝两端，促使两箭头相撞，被撞出的一方为输。规定箭数，以此争胜负。

第六章

民族经济与生产

东乡族历史上有传统的民族产业，如毛毡、刺绣等。近些年也有几大工程，尤其是洋芋、畜牧、花椒、果林等有力地促进了地方经济的发展。

第一节　传统的民族商业

东乡族的畜牧业是其主要副业，制褐子、做毛毡都是当地的知名手工技艺。东乡刺绣近年来也开始打入城市的手工艺品市场，得到大家的认可。

一、传统工匠与产业

东乡族以务农为主，善于经商和从事饮食等行业，由于地理和经济条件的限制，工矿业的发展很少。但在历史上也有些比较出名的传统手工产业。如：

制褐子：在东乡族手工业中，过去以制褐子和擀毡最负盛名。褐子是东乡族农民衣服的主要原料，成品虽然粗糙，但牢实耐穿，价格又便宜，所以农民穿褐子者甚为普遍。同时，东乡的畜牧业虽然在社会经济中占次要地位，但占相当比重，所以东乡族中几乎每户农民都积存有一些羊毛，家景好的农户，一年能请褐匠织褐数丈数十丈不等。织出褐子，做成衣服挺括、结实，赛过呢子。

东乡族把制褐子叫作“木褐他木”。专门织褐的手工业者称作褐匠。织褐子不需要作坊，可以在院子里、场沿上随便支起简陋的织褐架。因此，褐匠不仅可以在自己家里织，也可以串乡走村，哪一家请便到哪一家。织褐子的程序一般和北方农村织粗布一样，织褐用的毛线一般是各家各户自己捻的。捻线的工具叫“木乎斗”，是一根竹竿或是筷子下端系一个木制的捻砖。捻线的活计，虽然简单，但要心细。上了年岁的人，都喜欢用捻线排遣寂寞。所以“木乎斗”是老人们爱不释手的工具。无论在场沿扯闲，还是在山坡上放牧，老人们手从不离捻，“闲坐不如捻线”的俚语便由此而来。捻的线，积少成多，挽成疙瘩，留做制褐子用。据老人们说，从清代以来，织褐子就特别盛行。过去，褐子是东乡族农民做衣服的主要原料，颜色有红、白、黑三种，红褐子不是拿颜色染的，而是天然浑成，是用红羊毛织的。当时，那种红绵羊很多，织成的红褐子也特别受人喜用。织褐子的经线、纬线都是单线。20 世纪 30 年代，东乡族织褐子已普遍用双线，并能在褐子上织出一些美丽的花纹，纬线也由 400 根增加到 800 根，有的还可以加到 1200 根。

钉匠：专门钉补细瓷、眼镜等手工业者叫“钉匠”。东乡锁南坝的钉匠，继承了先辈传统工艺技术，很有名气。元朝以来，在偏僻的东乡，瓷器、玉器很少，也很珍贵，碗、碟和盖碗等瓷器家什破了，都送到钉匠那里去钉补。钉匠除固定设点外，多以挑担在集市上流动作业为主。两个箱子，一根扁担，内装风箱小火炉，工具抽屉，置放小铁钻、小铁锤、金刚钻等，随时随地便可以设摊钉补。钉子用细铜丝，一截一厘米，砸成菱形的小钉，用金刚钻在瓷器上钻个蚂蟥孔，用小

铜钉钉牢，破瓷器钉补后可以继续使用。钉得考究的，还有艺术点缀效果。

东乡族人民喜欢戴眼镜，修补眼镜堪称东乡钉匠一绝。钉匠可以把破损的眼镜钉补一新，除恢复使用外，还用灵巧的托镶嵌得精美非凡！除了钉补瓷器、眼镜外，还钉补铜壶、火锅等炊具。

20 世纪 40 年代，在东乡地区从事钉补业的有 100 余家。新中国成立后，尤其是 20 世纪 80 年代以来，随着改革开放不断深入，民族工艺品生产不断发展，南方大量瓷器产品流入东乡地区，质优价廉，群众钉补破旧瓷器的越来越少，从事这一行业的人也随之减少，但直到现在仍有人坚守祖代相传的这一行业，尤其是修理眼镜的钉匠仍然存在。

钉补瓷器的工匠 东乡县文化馆提供

毛毛匠：东乡族把专门制作皮制品的人称“毛毛匠”。毛毛匠先把绵羊皮和山羊皮鞣成熟羊皮。熟羊皮工艺有揉制法和酿制法两种：揉制法，先把皮子里外洗净，用伏茶泡制后用手反复揉搓熟化；酿制法，是把洗净的皮子放到有皮硝等作料的水中浸泡，每天搅拌，泡至 18 天取出揉搓，用刮刀把肉面刮削，直至肉净皮子白细柔干为止，然后裁制所需的皮衣、皮帽，去毛后可制作皮绳等。毛毛匠一般在自己家中承做皮制品，也可被人请去制作皮衣等。这门手艺至今仍被群众广泛应用，是东乡族群众生财致富的一条门路。

筏子运输：东乡人在过去的历史中，用水上交通运输工具——黄河筏子，谱写出了同大自然英勇搏击的壮阔历史，创造了水上运输的奇迹，对促进当地的生产起到了功不可没的作用。

东乡地区三面环河，黄河、洮河、大夏河、广通河在周边绕流，因此渡口颇多，新中国成立前很少有渡桥，行人和物资全靠筏子运输。当时在东乡地区从事撑筏子运输的东乡族有千余户，其中达板有 310 户，红泥滩有 230 户，唐汪有 200 多户，喇嘛川有 100 多户。

东乡族羊皮筏　李红华摄

筏子运输的工具有皮筏和木筏两种。皮筏又分牛皮筏和羊皮筏。皮筏是由数个皮胎联扎在一块组成。制作皮胎是一门技术活，宰牛、羊时，要把完整的皮囊剥下来，经过数道工序的制作，历经一两个月

才能完成。

筏子运输由于体积小、重量轻，速度快，能日行数百里，在当时公路很少的情况下成为人们重要的交通手段。在正常情况下，每只皮筏子每年要从事二至三次数千公里的长途水运，途中由经验丰富、驾技精良的水手护送，保证安全到达目的地。

东乡筏子运输在历史上有过辉煌的业绩。1949 年 8 月中国人民解放军抢渡黄河进军青海时，东乡及河州群众用筏子将三万多名解放军将士、两千匹战马和全部武器装备，在波高浪急的险情下运过了黄河，创造了东乡乃至临夏州摆渡史上的奇迹。

新中国成立后，洮河上的筏子运输仍发挥了不小的作用。如 20 世纪 60 年代，达板科妥地区盛产西瓜。有一年大雨倾盆，公路被河水淹没，桥断船失，堆积如山的西瓜无法运输，于是一百多名筏子客出动，在波涌浪激的洮河上，仅用两三天时间，日夜装运，将几十吨西瓜用牛、羊筏子运输送到兰州销售，使当地人民群众的财产没有受到损失。

筏子运输是东乡人民的智慧和骄傲。随着经济的发展，筏子被现代桥梁、游艇、汽船所代替，仅在洮河岸边及旅游景点尚可零星见到。

二、东乡毛毡销四方

走进东乡族人家，不论是高寒阴湿山区，还是川塬平地，家家户户炕上或床上，都会看到保暖防潮，整洁朴素，美观大方的毛毡。

东乡毛毡在东乡族群众中视为上好的生活必需品。它不仅隔潮防湿，御寒保温，而且经久耐用，价格便宜，为高寒地带必需之物，具有很高的使用价值，深受农民和外出打工者的青睐。

东乡毛毡之所以好，首先是羊毛质量好。东乡族自治县地处高寒干旱山区，适宜放牧的山坡比较宽敞，受自然气候的影响，羊毛质纯、柔软、细腻、多茸，有很好的凝聚黏结收缩性能，一般不易脱毛，擀制的毛毡使用期长。

东乡的毡种类较多，有春毛毡、秋毛毡，还有沙毡（二年毛制的）和绵毡等，其中以秋毛毡和绵毡为佳，结实耐用，防潮性能好。以大小分，通常有四六毡（宽4尺，长6尺）、五七毡、单人毡及穆斯林做礼拜用的拜毡。以颜色分，有白毡、花毡、红毡、瓦青毡（黑白羊毛混合制的）等。用毡还可以制成毡帽、毡鞋、毡鞍鞯等。东乡毛毡以柔软、舒适、匀称、洁净、美观大方、经久耐用而享誉西北各地。

纯白毛毡在擀制时，全靠擀毡师傅匠心独出，发挥自己创造性的聪明才智，设计出各种优雅典朴的图案。这些精工图案，清晰俊美，朴素大方。

擀毡、制毡是东乡族的传统，东乡人擀毡是纯手工工艺。擀制毛毡的东乡族工匠是相当认真细致的。毡匠三件宝，弹弓、竹帘、沙柳条。工具虽然简单，但制毡工序却很复杂。擀毡主要有下面几道工序：

拣毛。先把擀毡的羊毛堆在地上，拌上细土后，用沙柳条狠狠地打一遍，将羊毛上的油污尘垢弄净，然后再把羊毛分类。要严格分别春毛、秋毛。春毛长而粗，富有刚劲弹力，不宜黏结凝聚；秋毛短而细、柔软，黏结凝聚力极强，容易缩水，不宜分跌脱落。毡匠认真细致挑选拣择，春秋分开，归类堆放。过长的春毛还用铡刀切碎，准备进弹毛房。

弹毛。弹毛是费力最大的工序，要有弹毛房，支木板弹案。将择好的羊毛分季节分别上案，用7～9尺长的弓，张弓紧弦，弓背高吊悬梁，身强力大的弹毛工，手持弹棒，臂缠棒带，奋力挥臂拨弓弦，一堆堆疙哩疙瘩的羊毛，经弓背漫压，弓弦劲弹，很快就变得松软起来。弓弦用细牛皮绳做成，绷紧后弹力很大，可以把羊毛弹得像飞絮一样飘起来。弹好的羊毛还要用白土搅拌，摊在阳光下一面暴晒，一面用竹竿反复弹打，这主要是为了进一步除去羊毛上的污垢和油腻，还要

用手把羊毛撕扯蓬松。

铺毡坯。铺毡坯在四面堵有风墙的庭院里进行。俗称毡匠师傅两大件，弹弓加竹帘。铺毡坯一定在竹帘子上进行，要把干净蓬松的羊毛，平摊在专用的竹帘上进行操作。毡匠师傅把弹好的有如云团絮雪

东乡擀毡人　东乡县文化馆提供

般的羊毛，左手松松掌握，右手挥舞双杆枝条子，轻轻抖扬，匀匀降落。秋毛作毛毡的垫底和盖子，春毛夹杂中间。铺好后用撒毛杆轻压，随后喷洒温水，要喷洒浇透，达到浸泡成型的目的。接着裹于竹帘内，卷成竹帘卷筒，用毛绳多处紧紧捆绑，平放地面，四人分两个组，面对面背搭手，对脚步使劲狠狠踢踏，让竹帘卷筒来回滚动，大概滚动半小时左右，待从帘隙内渗出水，这时毡坯已定型黏结成块。松解捆绳，缠开帘子取出毡坯。

洗毡。洗毡很辛苦，先把四块门扇并排放在一起，再把两块大石头衬在一块门扇底下，等帘子里卷着的厚厚一层羊毛变薄以后，再用绳子捆起来，放在木板上，用滚烫开水洗刷。接着，两个人并排坐在一条凳子上，脱去鞋和袜，一个人抓住绳子的一头，用脚使劲踩，手也随着腿的伸屈，把绳子松开、拉紧。这当儿，污水不时地从毡上顺着门扇流下来，毡越来越白，越来越净，越来越薄。经过这样反复多次的洗刷蹬搓，然后放在板案上，用搓钩揉弄，笔直带棱的四条边出来了。通过揉洗挤，毡进一步凝结收缩，开始变厚。擀毡匠有高明的洗毡术，经他们近千次的搓洗，整个毡体大小尺寸合适，厚薄非常均匀。

挫边溜角。“擀毡的把式高不高，就看最后一道工序”。揉弄毡边的最后一道工序，是很讲究的。参差不齐的毡边不能用剪刀裁齐，而是全靠手工揉弄。手艺高的，毡边笔直带棱，十分美观大方。经过这么多工序，把搓洗好的毛毡放在端正的木椽上凉干即可铺用。一些熟练的工匠，四个小时就可以擀出一块成品毡。目前在东乡市场，一块普通毛毡可以卖到数百元人民币。

市场上除了普通羊毛白毡外，还有红毡。红毡是用纯白绵毡煮染而成的，铺在大西北惯用的土炕上，呈现出家庭的富丽堂皇。东乡人擀毛毡已有几百年历史，东乡毛毡柔软、舒适、匀称、洁净、美观大方、经久耐用，在西北高原上颇有名气。这种擀毡制作的精湛工艺，已走出东乡族自治县，在青海、新疆、内蒙、宁夏、川西、陕北等地汉、回、蒙古、维吾尔、藏、裕固、土等兄弟民族中间广为传播，源远流长，为沟通民族文化，交流工艺产品，起到了很好的作用。

目前在东乡县城还有专门销售毛毡的商店，因为现在市场还有需求，仍然有不少群众前来购买。

三、东乡刺绣传深情

东乡族把刺绣叫作“扎花”。妇女们都喜欢刺绣艺术。衣边、袖边、布兜、肚兜、帽子、枕头、袜垫都要“扎花”，且用心极细。扎花的内容主要是奇花异草，抽象自然，寄托着对生活的一片向往。

刺绣工艺大多用于儿童服装、鞋垫、肚兜、枕头、门帘和日常生活中的小件饰品上，如香袋、虎头帽、钱包、烟袋和手帕、围裙等，图案讲究以牡丹、菊花、龙凤、鸳鸯等花鸟类为主，具有色泽艳丽、图案明晰、粗犷写意的艺术风格。刺绣者高超的技艺通过一针一线显现在简单的布料上，深沉纯朴的心愿也蕴含在件件刺绣品中。

东乡妇女在一块块素净的白丝布上，用彩色丝线绣上花、草、虫等素材，色泽艳丽明快，花纹图案精妙，寓意吉祥如意。绣品造型大都鲜活而生动，构图精美而新颖，色彩搭配十分和谐自然，充分表现出她们对美好生活的向往和追求。婴幼儿衣帽刺绣，针针线线都饱含着浓厚博大的母爱之情。而小小荷包，无论是动物形的，还是植物形的，都形象逼真、活灵活现，再配以彩色流苏，不仅是孩子们的最好饰物，也是青年男女表达浓浓爱意的一种信物。

东乡刺绣大都保留了原始古朴的艺术特点，于质朴中透露出浓郁的生活气息，深受当地各族妇女喜爱。

东乡刺绣作为传统的民间手工艺，一般是女承母艺、婆媳相传。在田间劳作与操持家务之余，她们总是三个一群，五个一伙，或在浓密的树荫下，或在热乎乎的炕头，一边绣花，一边聊天，表现对生活的热爱，对美好向往的追求。

东乡族妇女把春色绣在衣服、腰带、鞋垫、墙挂、荷包上，绣在枕头、门帘、被罩上，用温馨的春意，美化四方庄户人家。她们用一根细小的绣花针，尽情挥洒着灵性和创意，形成了平针、插针、剁针等多种针法套路，创造出了盘绣、挂绣、拉绣等绣法。在内容上，既保留了寓意吉祥、美满、健康的传统图案，又从身边的生活、大自然中寻找灵感，以花果、草木、人物、动物为题材，巧妙地运用点、线、面结构装饰手法，其效果生动、逼真。在绣品的色彩处理上，大胆采用色彩的强烈对比，表现出一种无拘无束、开朗奔放的高原民族气质。

东乡刺绣　马忠华摄

东乡刺绣可分为“机绣”和“手工绣”。“机绣”是使用缝纫机来绣制；手工是使用“绣针”、“剁针”等工具手工绣制。不论是机绣还是手工绣，其程序是一样的。第一步选料剪裁，根据绣品的大小和质地选择相应的面料进行剪裁。第二步画样打稿，把要刺绣的图案先画在面料上。为了防止图案走样，可以用复写纸来画，对称图案可以将面料、复写纸、图案花样对折后再勾画。第三步是上绷子。绷子是用有弹性的细长竹片做成的大小可调的圆圈，一般由内圈和外圈组成。上绷子时先将面料平铺在外圈上，要刺绣的图案居正中，再将内圈套

入外圈，将面料卡于两圈之间，使绣品的绣面平展紧绷，形如鼓面。第四步就是刺绣。机绣作品操作简便，速度快，但因不能随意便捷地调换机针和机线，图案画面比较简单，绣法也不如手工绣那样灵活多变，东乡族妇女更钟情于手工绣。

根据针具的不同，手工绣主要分为“绣花”和“剁花”两种。“绣花”所用的针细小而富有韧度，一幅绣品，彩绣往往需要七八个绣花针，根据图案花样的需要，穿上五光十色的丝线，分层进行刺绣。针针相嵌、层层相叠、过渡自然，使绣品营造出明暗相宜、疏密有致的效果。如墨绿色和翠绿色叠用，既分出了主枝和侧枝，又突出了层次感；同样是红色花，梅花的花蕊选用夺目的大红丝钱，强调它傲霜斗雪的品格风韵，杏花花瓣则选用艳丽的粉红色，展现它的妩媚娇艳。

“剁花”是用类似于缝纫机针的剁花针，在面料上刺出花卉图案来。剁花时，将剁花针笔直地刺进绣品里子，针脚稍错再拉出来。每次刺进去时，丝线要拉得松一些，拉出时紧一些，采用单线来回剁，使丝线在绣品正面形成凸起的连续纹线。剁花针绣出的线路由于用线量多，图案有质感，富有立休效果，能生动逼真地表现丛生花卉的层次感。

此外，相对于彩绣来说，还有一种平绣。平绣是用同一种颜色的丝线，在一件绣品上，通过针脚的长短，用不同的针法套用来刺绣。平绣作品雅致、朴实、清秀，与彩绣的大红大紫形成鲜明的对比。

东乡族妇女个个是刺绣能手，当地流传着这样的民歌：“十岁学针线，十三进绣房，进了绣房绣牡丹，百花百鸟都绣上，小伙穿上做新郎，姑娘穿上做新娘。”待出嫁的姑娘一般都有自己制作的绣花鞋袜、绣花手帕、绣花床罩等，出嫁之日，将这些嫁妆摆于院中，亲友们争相观赏，品味姑娘的刺绣手艺。

对东乡女人们的绣花传统，在东乡一带流传的宴席曲《方四娘》

中，有这样的描述：

九岁十岁上进闺房，
天上的百鸟都绣上。
先绣上百兽拜狮王，
后绣上百鸟朝凤凰。
上绣上燕子云里穿，
下绣上鸳鸯水中玩。
上绣上天上的明月亮，
下绣上地下的水翻浪。
上绣上天上的满天星，
下绣上地下的十三省。
上绣上七彩的两片云，
下绣上庄稼年年成。
……

男人外面走，带着女人手。每一个订婚或结婚的男人身上最少也有一件心上人精心绣制的东西，千里万里，不会忘了十八板高墙院里那一双黑黑的大眼睛。女人们怀着对男人的念想，看着酣睡的儿女，就着灯盏，刺绣的一件件充满童趣的婴幼儿衣帽鞋袜，针针线线都饱含着博大的母爱。

尽管现代刺绣在服饰上的应用减少了，但绣花鞋垫永远不会过时。精美的刺绣香包、枕套、被罩、门帘，电视、冰箱罩无不体现着女人们对生活的热爱，对美的追求。

四、美观实用的汤瓶壶

汤瓶壶是一种状如茶壶的洗涤用具，它与吊罐等作为穆斯林履行

功课时必不可少的洗漱工具。汤瓶壶一侧有便于手提的壶耳，另一侧有弯曲高翘着的壶嘴，腹大身长，平放时滴水不漏，倾斜时则水流如注。主体部分像葫芦，腹上雕以阿文或花木装饰，美观、实用，是东乡族群众洗大、小净专用和日常生活的盛水容器。

关于汤瓶的来历，据史料记载，早在唐朝以前，在阿拉伯国家和中国已广泛使用的水壶，很可能就是汤瓶的前身。自古以来，祖先们大都使用窖水、河水和井水。西北黄土高原干旱缺水，用汤瓶盛水可节约用水，并可保持汤瓶内水的清洁，所以被东乡族人民广泛地使用。

从字面上看，所谓“汤”在古时指热水，所谓“瓶”是指肚大口小的容器，“壶”是指有嘴有把的容器。穆斯林在婚丧嫁娶中广泛使用汤瓶洗浴，在历朝历代都有记载，是东乡族民俗礼仪的重要部分，渗透到每个东乡族群众的日常生活之中。走进东乡族人家或清真寺淋浴室、清真餐馆，都在显著位置摆放着一把古色古香的汤瓶，质地多为泥釉烧制、铜制、铝制、铁制或塑料。颜色有金黄、银白和本色，样式形状大多古朴庄重，玲珑别致。

汤瓶广泛应用于东乡族日常生活中，如婚姻嫁娶、生儿育女、饮食卫生、丧葬殡埋、节日庆典、宗教生活等，是东乡族群众生活中一刻也不可离开的必需品。连姑娘出嫁，也少不了两把汤瓶作为陪嫁。汤瓶和星月还成为一些伊斯兰国家和城市的徽标。

汤瓶壶 李红华摄

东乡族先民从中亚大跨度

迁徙而来时，必带的器具为一个拜毡、一串太斯比珠子、一本经书、一把汤瓶。东乡族人平时洗脸洗手，惯用汤瓶。东乡族人居处多干旱缺水，吃水金贵，洗脸洗手用汤瓶浇洗，既节约又卫生。东乡族人认为用脸盆洗手、洗脸不如汤瓶卫生，因为脸盆中的水在反复使用，盆中的水就脏了，又洗脸洗手不卫生，流水最干净。汤瓶的种类多样，古代多以木头掏成；近代多用红铜打成，或是陶泥烧成；现代多用铁、铝、搪瓷等制成。使用热水时，可以在炉子上温，或者炕洞里煨。近年来，流行塑料汤瓶，既美观又轻便，无声响，深受人们喜爱。

生活中离不开汤瓶壶　李红华摄

东乡族人民的汤瓶越做越精致，表面饰以精美的花纹，调配不同的颜色，给人以精美的美感。汤瓶制造业在民族地区已形成颇具实力的民族特需用品产业。

汤瓶是伊斯兰文化的符号。伊斯兰教法认为，凡穆斯林必须经常洗浴，需做小净、大净，所以人们在日常生活中离不开汤瓶。《旧唐书》记载，穆斯林入夜玉成婚礼，端来盛着清水的汤瓶，令新婿新娘洗手、漱口、沐浴……

自伊斯兰教传入东乡大地千百年来，汤瓶文化也在这里生根、传播和发展，并且形成了一种强身健体的“汤瓶功”。“汤瓶功”是融武术与健身为一体的独特气功，也叫汤瓶七式功，即练武者模仿用汤瓶洗涤的动作和礼拜时的举止，经过提炼、加工、演变，总结出的一套完整的气功，过去一直以口传心授的方式在穆斯林中广泛流传。

东乡族在礼拜前净身时十分虔诚，凝神举意，洗涤每一个部位时都会默诵一段都哇（祈祷经文），仅一次小净就有八段。这种洗涤不但舒畅了周身的毛孔，还使内外的真气通过毛孔得以疏通，双腿蹲，单腿蹲，这样久而久之，便产生了强烈的气感。汤瓶内功，内涵丰富，意、气、形并练，动作简单，易懂易学。

在东乡族人家里，时时都要用上汤瓶壶，至少要有三至五个或更多。汤瓶壶跟随东乡人民走南闯北，一会也离不开人们的生活视线，连东乡县宾馆的房间里除了有烧水的电水壶外，还给客人准备了一个汤瓶壶，使来往住宿的东乡客人更为舒适方便。

第二节　三大工程　改天换地

吃水问题一直困扰着东乡人民，因此水利工程被政府放到了首位。扩建县城、修建道路同样是关系着人们生活改善的大工程。

一、水利水渠——生命线工程

东乡县历来是著名的干旱县，素以“干东乡”闻名天下。以前，旱魔肆虐，水贵如油，人称这里是“被水神遗忘的地方”。水成了东乡人民梦寐以求的夙愿。

东乡县东临洮河，北傍黄河，西接大夏河，南倚广通河，四面河水日夜奔流，中间却留下了干旱缺水、苍莽粗犷的荒原。水多的地方泛滥成灾，水少的地方干旱肆虐。曾几何时，原本松涛起伏、林草茂密的大山，变成了“山高和尚头，沟深无水流”的荒山秃岭。东乡人饱尝了十年九旱的艰辛。

水来了 东乡县文化馆提供

东乡山区的群众过去深受缺水的困扰，像龙泉乡白庄湾村，群众吃水要到十几里外去背，可见水的珍贵。

20 世纪 50 年代，在那勒寺、河滩、达板、唐汪等川区有“解放水车”75 台，用人力或畜力从井中或水渠提水灌溉农田。20 世纪 60 年代实行综合治理，修渠、淤地、打井、修水平梯田等。同时又建成甘崔家、东塬、唐汪、黑石山、河滩等处水轮泵站。20 世纪 70 年代，随

着电力的普及，电灌逐渐取代柴油机灌溉。截至1985年，先后建成果园王家水库、那勒寺黑庄水库等36处小型水库，还建成了东干渠、林家河滩渠、科妥渠等自流灌溉渠。

1985年以来，自治县先后实施了大塬电灌改造工程、三塬电灌扩建工程、东干渠改建工程、河滩病改水工程、大地之爱——母亲水窖工程、渴望工程、抗旱应急工程、农村人饮解困工程、达板陈家洮河护岸工程、奴拉坡生态治理工程等一批重点水利水保项目，极大地促进了全县经济发展和人民生活水平的提高。

南阳渠灌溉工程是东乡族自治县历史上最大的一项水利工程，被誉为东乡人民的翻身工程、救命工程。南阳水渠的修建过程体现了东乡人民战胜缺水的不屈精神。南阳渠工程是甘肃省水利工程中地质条件最复杂、建设条件最艰巨的工程之一。工程区不良地质现象众多，渠道沿线新老滑坡时有发生，膨胀型黏土软岩、湿陷性黄土以及杂色粉质壤土广泛分布，给工程的设计和施工带来了诸多困难和挑战。建设过程中，参建各方注重技术创新，不断优化设计方案，倾注了大量的智慧和心血。诸如复杂地质条件下的隧洞施工、渠道软基处理、高陡坡消能型式、顶管法施工、双液灌浆、沥青心墙土石坝等新技术和新工艺。这些为南阳渠工程的顺利建设和今后的安全运行，提供了可靠的保障。

南阳渠工程建成后，每年可以向东乡供水3900多万立方米，使东乡县18个乡镇，120多个行政和临夏和政县部分乡村，共12万亩耕地浇上水，可解决20多万人畜饮水。从根本上改变了东乡县缺水状况，解决工农业生产和生活用水，为东乡当地生态环境的改善，人民生活水平的提高和经济的可持续发展注入了新的活力，奠定了坚实的基础。渠水、窖水、提灌水三水并举，使东乡族人民摆脱了“滴水贵如油”的历史。

从2000年起，东乡乡县先后实施了三批农村人饮解困工程，尕西土原补水工程和抗旱应急工程，以解决群众吃水困难的问题。近几年国家启动实施农村饮水安全工程后，东乡县又先后实施了车家湾农村饮水安全工程、河滩大土原农村饮水安全工程和董岭农村饮水安全工程，彻底解决了十多万人的饮水困难。

2011年，一项旨在解决东乡县中西部农村饮水安全工程开工，计划从刘家峡水库库区取水，通过四级加压泵站提水至锁南镇净水厂，总投资1.4亿元，年供水量300万立方米。该工程将惠及东乡县中西部的柳树、东塬、春台等13个乡镇，建成后可彻底解决10多万农村人口饮水问题，进一步缓解东乡人民饮水困难的局面。

二、移山填沟扩县城

东乡县城所在的锁南镇，过去就一条路，几个小铺子，规模很小，被群众形容为是有县无城。锁南镇位处山梁顶端，平地很少，没有一块空地，给城市建设和今后的发展带来很大制约。

近年来，东乡县政府带领全县各族人民，对东乡县城锁南坝进行了有史以来最大规模的改造。通过民间筹资、招商引资、项目扶持等方式募集了资金。

为了更进一步地完善县城功能，优化布局，美化环境，加快城镇化步伐，在广泛征求干部群众和社会各界意见建议的基础上，邀请专家进行科学规划，开始大规模实施县城改扩建工程，使山城锁南镇发生了翻天覆地的变化。

东乡县县城改扩建包括：拓建一条重点街路，即民俗文化商贸街和内环路；建设文化馆、图书馆、民俗博物馆及青少年活动中心，县城文化广场，县城综合体育场，县城独立初中四大文化工程；搞好县城排洪、排污、县城垃圾填埋场、集中供热四大基础设施项目建设；

开发阳光花园、益民、利民、煤炭公司商住楼四个住宅小区；建成南园综合市场，西部综合市场，畜产品市场等31个项目。经过3～5年的建设，县城面积由现有的2.5平方公里扩展到5平方公里，城镇人口由现有的1万人发展到2万人。

东乡县城　马忠华摄

锁南镇改扩建的战场是在一条沟、两座山之间展开的。不是挖山就是填沟，其难度之大令人难以想象。

在县城改扩建工程中共先后完成了16个机关单位、数十户群众住宅和158座坟墓及烈士陵园的整体搬迁，累计完成土填方202万方，开发出城市建设用地380亩。三馆一中心、文化广场、西部综合市场、民俗文化商贸一条街商铺、益民小区等建设项目竣工并投入使用。随着县城改扩建步伐的加快，各项基础设施不断完善，城市服务功能趋于齐全，彻底改变了东乡县“有县无城”的历史。一座崭新的山城出现的高高的山上。

三、万众一心修建幸福路

东乡地区山大沟深，历史上交通非常闭塞，运输全靠人背畜驮。连接兰州与河州的“东大路”，全长约100公里，有半程在东乡境内。路陡峭，蜿蜒崎岖，俗称“高门槛”、“乏驴坡”、“盘盘路”等陡险路段甚多，人畜通过艰难，行路时举步维艰。连接东乡地区的数百个穿行于沟壑山岭、深谷旷野间村落的羊肠小道被东乡族称为“陌”。这些羊肠小道不仅通往梯田山野，也通向附近四方的乡镇乃至州府省城，成了当时的主要通道。过去陆上的交通工具有轿车子、架子车、驴、马、牛、骡。由于山道险峻，轿车子等较笨重的运输工具很少见，只有个别富裕人家才用。山道的运输更多的是靠牲畜和人力来完成。

新中国成立后，修路架桥，积极发展交通运输事业，使东乡地区的交通闭塞落后面貌显著改观，结束了长途运输靠人背畜驮的历史，汽车已成为交通运输的主要工具。

改革开放以后，东乡崎岖难行的道路令众多的投资客商望而却步，使丰富的水电、砂石料、劳动力和资源难以有效开发。像龙泉乡的北庄湾村，以前只有山间小道，只能走毛驴和架子车，交通十分困难。现在柏油道路一直修到村路口，群众外出办事方便多了。

“若要富，先修路”。自2001年以来，唐汪、达板两镇携手同心，把改造唐达路作为一项民心工程来抓。唐达公路是东乡县公路网中的骨干道路，起点位于唐汪镇三合村，是通往兰州、定西等地区的捷径，也是唐汪、达板两镇的经济大动脉。

以唐达路铺油为契机，东乡县委、县政府围绕州上提出的“一纵一横三环六重”的公路建设目标，加快了农村公路建设的步伐，另外几条重要公路的改建工程相继上马。

2005年6月8日，省、州、县领导和河滩、东塘两乡镇干部群众，

包括学生、工商企业界人士冒着蒙蒙细雨集会，在喇嘛川隆重举行了东祁公路改造铺油工程捐资大会暨开工仪式，在隆隆的礼炮声中，东祁路改造铺油工程正式开工建设。

2007年4月9日，锁达路改建工程正式开工。锁达路起点位于县城锁南镇，向东南经沿岭、汪集、高山至达板，全长41.5千米，是临夏州地方公路网的主骨架，是东乡通往省城兰州的主要通道。该路是东乡县公路建设史上投资最大、建设标准最高的项目。

崇山峻岭辟坦途，致富大道通九州。这几条公路建成后，有效地提高了全县交通条件，给群众带来前所未有的发展机遇，创造出巨大的经济效益和社会效益。

第三节　产业生产促发展

为了使东乡人民早日脱贫，县政府提出了把发展羊产业，扩大洋芋种植作为支柱产业来抓，取得了很好效果。现在又进一步提出要大力发展花椒和林果，形成四大支柱。再加上把旅游经济也带动起来，东乡人民的生活一定会更加美好。

一、两羊（洋）经济成支柱

“东乡两支花，洋芋和手抓”。群众用这样生动的语言，形象地将洋芋种植和畜牧养羊在东乡的突出地位比喻出来。

东乡的羊产业已列为富民强县的支柱产业之一，提出了建设“百万只”羊产业大县的目标。到2010年，全县的羊饲养量已达125万只，出栏80万只，养羊人均收入近600元，占了农民收入的三分之一。

羊产业是适应市场需求而建立起来的，品牌是东乡手抓羊肉。为了做大做强羊产业，加快肉羊基地建设步伐，增加农民收入，县政府采取了多种措施发展养羊业建设。建立了多个养殖基地和小尾寒羊基地，改良品种，提高羊品质繁殖能力。还建立了饲草基地和饲料加工企业，解决饲料短缺问题。

东乡牧羊人 东乡县文化馆提供

为了推动羊产业的发展，县政府还在每个乡镇都选了一个村作为养殖示范村，用示范带动养殖畜牧业全面发展。在示范村大力推广了应用秸秆青储、氨化、微储等新技术，提高养殖效益，现已修建暖棚圈舍一千余座。

随着人民生活水平的提高，膳食结构的改善以及安全意识的不断增强，健康、绿色、安全、环保的东乡手抓羊肉将越来越受到人们的青睐，优质肉羊产品有巨大的市场前景。东乡手抓肉羊生产规模小，临夏、兰州羊肉市场供不应求，鲜羊肉远销兰州、青海、上海、西藏

和出口中东国家，发展潜力巨大，市场前景良好。

洋芋也是东乡县的支柱产业，家家户户都种植。东乡洋芋因匀壮、面饱、含淀粉量高、沙绵味佳而享誉陇上，在市场中有很高的声誉。“东乡洋芋片”也成了兰州清真餐厅桌上一道深爱群众喜欢的地方菜。

洋芋即马铃薯，也叫土豆，在东乡的种植历史十分悠久。东乡农民有句谚语：“洋芋是菜也是粮，没有肉油人也胖。”洋芋适应性强，产量稳定，淀粉含量高，抗病又抗旱，很适宜在东乡的地理环境中栽培。近几年洋芋市场需求一路攀升，价格也一直看好，这就给东乡人民带来了生计，也带来了财富。

洋芋的吃法在东乡有很多种，最简单也最普遍的吃法就是直接煮着吃。洋芋搅团是乡村一道特殊的美味。将煮熟的洋芋仔细地剥尽粗皮，晾冷，就可以做搅团了。兑窝是乡村人做搅团的器具，需用半人高、合围粗的整木桩，在中间挖一个深窝，刨光了，再做一个木杵，中间镶一个木柄。用清油在兑窝里抹匀了，一人执木杵用力砸捣，直到洋芋被砸捣成柔韧细腻的团状即止。做好的搅团雪白滑腻，放在案板上像一团白亮的云朵。搅团可凉吃，也可热吃。凉吃即将搅团切成块，装入白瓷碟中，调上油泼辣子、腌韭菜、蒜泥和醋，红、白、绿浑然一体，赏心悦目，入口清爽、滑腻、筋道，有一种不可名状的香味。热吃既可炒着吃，也可拌浆水吃。浆水搅团悦目爽口，嫩、柔、糯，滑腻之中隐隐透出一种浆水淡雅的清香。

除此之外，洋芋还可以炸着吃，做洋芋饼吃。但在东乡最有乡土气息的吃法是吃地锅洋芋。地锅洋芋俗称“地锅锅”，是河州山区群众在田间“以地为锅”烧制、食用洋芋的一种方法。洋芋成熟的季节，一边劳作，一边在地楞坎上烧地锅吃，十分惬意。

每年七八月份是吃地锅锅的最佳季节。烧地锅锅，须事先在向阳土坎上挖一个锅卡，做一个土灶，挖一小窑洞作为火门。再准备好干硬的土块，干绵土最好，大至拳头，小至核桃。根据烧制洋芋的多少，将土块从大到小一圈圈垒上去，逐圈内收，最后垒成一个圆塔；用浮土将底部周围壅住，壅好后用干麦草或洋芋茎秆向内烧火，半个钟头后，“塔”上的土块在柴火长时间的烘烤下逐渐燃烧起来。温度逐渐上升，当土块内侧被烧得通红时停止烧火，用另外的大土块将灶门封严，用烧火棍将“塔顶”2～3层土块捣落入锅膛，在其底部捣碎、摊匀，然后一边将洋芋倒入锅膛，一边快速地用烧火棍将土块逐层一个个捣落下去。当锅膛被填充到与剩余的“塔身”齐高时，用铁锹背将四周的土块敲碎，用散落下来的碎土块将顶部露出的洋芋覆盖住，用铁锹背将顶部和周围敲实，敷上一层干土，最后敷上一层3～5公分厚的湿

烧地锅洋芋 马志勇提供

土，以防止漏气和散热，大约个把小时后，就可以挖开食用。烧得上好的地锅洋芋熟而不焦，面饱味长，原始古朴、原汁原味，百米之外就能够闻到其醇香诱人的香味。

洋芋是农副食中的主食。东乡农村间互问庄稼收成好坏时，夏粮当指小麦，秋粮首推洋芋了。重阳节亲友探视，一看面柜二看窖，一窖上好的洋芋可以抵一家老小半年的口粮。习惯上人们通常把洋芋归入蔬菜类，但所有的蔬菜中，唯有洋芋一日三餐而不厌，农家早上的一锅煮洋芋足以打发一家人半天的口粮。

洋芋是东乡农民的主要经济收入来源之一。东乡县政府制定了新的发展思路，发挥洋芋大县的优势，实施洋芋工程，积极鼓励扶持发展洋芋产品加工业，有力推进了洋芋产业优化进程。全县洋芋的播种面积占了总种植面积的60%以上。年产量40万吨左右。东乡洋芋已走出东乡，走向全国并成为东乡人民脱贫致富奔小康的一大支柱产业。

二、花椒林果能致富

东乡花椒有刺椒、绵椒之分，以刺椒为主。刺椒又称“大红袍”花椒。它根系发达，适应性强，生长快，结果早。其特征是叶青、花黄、子黑、皮红、肉厚，气味香麻，是上等调味佳品。

地处大夏河与黄河河谷阶地上的东乡县河滩镇，俗称喇嘛川，是东乡“大红袍”花椒主产地。这里土层肥沃，气候宜人，光照充足，非常适宜花椒生长。河滩种植花椒历史悠久，花椒颗粒大色泽鲜红，内皮呈淡黄色，味香麻，质量优良，状如莲花，色艳味浓，是东乡县著名的土特产。早在民国时期，当地村民常去寺沟峡等地采摘野生花椒食用。新中国成立后，村民自发地在房前屋后、地埂沟边栽植花椒，主要为自食。为了充分发挥“大红袍”花椒的经济效益，增加农民收入，东乡县把河滩镇作为花椒重点发展区域，将花椒列为基地建设项目，制定出台了一系列优惠政策，积极鼓励群众开发荒山荒坡，全力栽植“大红袍”花椒，扩大椒林栽植规模。现已建成万亩花椒基地，年产量近百吨。河滩镇已成为远近闻名的“花椒之乡”。

为了进一步发展花椒产业，在扩大栽植面积的同时，还积极推广丰产栽培和病虫害防治技术，努力提高花椒产量。东乡县以河滩镇花椒基地为龙头，提出了“沿河百里 20 万亩花椒林带”建设项目，在刘

东乡花椒 东乡县文化馆提供

家峡库区及洮河沿岸的考勒、董岭、唐汪、达板等八个乡镇栽植大红袍花椒。近年来为了培育花椒资源优势，发展农民经济支柱产业，保障农民的经济利益，促进当地经济发展，成立了花椒专业合作社，鼓励农民加入合作社，使农民不仅得到生产环节的利益，也能分享到加工流通环节的好处。

目前，东乡县正逐步加大花椒产业科技投入力度，着手开发花椒系列产品，如系列花椒液产品和青花椒为主的椒芽菜，盐渍花等产品，把花椒从单一的食用调味品引入保健、医药和日用化工等工业生产领域，拓宽了花椒产品的发展前景。

东乡县的林果经济也有很大发展。自 20 世纪 80 年代以来，全县上下把经济林果建设作为增加农民收入、加快农村脱贫致富步伐、振兴农村经济的一个支柱产业来抓，经济林果栽植面积不断扩大，以唐汪大接杏、那勒寺川早酥梨、南部酸巴梨等为主的四大经济林果基地，已初步形成规模。

各类干鲜果品产量大幅度提高，果品产值在林果业总产值中占有一定比例。全县农民人均林果业收入已成为农民人均纯收入的重要部分，林果业已成为全县农村经济的一大支柱产业。

唐汪大接杏　马志勇提供

东乡县的林果有许多优良品种。如唐汪大接杏、唐汪葵花子，唐汪大红枣、酸巴梨、蜜桃等。

唐汪大接杏：唐汪川有一个比较庞大的杏子家庭，其品种有大接杏、包核杏。大接杏是最负盛名的优良品种之一。成熟的唐汪大接杏形如桃，橘黄色，个大，皮薄，肉厚，质软，纤维极少，平均单果重

90 克左右，最大的可达 150 克。大接杏具有养颜、健胃等特殊功效，不仅是食用佳品，而且还有很好的药用价值。唐汪大接杏被甘肃省评为“优质农产品”。

唐汪葵花子：唐汪种植的葵花子，子大饱满、产量高。葵花子与许多果仁食品相比，葵仁的蛋白质含量较高，热量又较低，是人们非常喜欢的健康营养食品。葵花子中所含植物固醇和磷脂，能够抑制人体内胆固醇的合成，防止血浆胆固醇过多，可防止动脉硬化，是人们平时喜好的干果小吃品种。

唐汪大红枣：枣树是唐汪镇一带的主要果林之一，产量高，味道好，深受当地群众喜欢。枣能提高人体免疫力，富含钙和铁，对防治骨质疏松、贫血有重要作用。中老年人及妇女更年期经常会骨质疏松，正在生长发育高峰的青少年和女性容易发生贫血，大枣对以上症状会有十分理想的食疗作用，对病后体虚的人也有良好的滋补作用。

酸巴梨：酸巴梨又称啤特果，在东乡有悠久的栽培历史。其性温、味甜多汁，是冬季食用的名品佳果。近年来，酸巴梨以其独特的性能和风味，越来越受到人们的欢迎。酸巴梨在关卜、百和、坪庄等南部二阴山区重点发展，目前已累计栽植酸巴梨近 2 万亩。

蜜桃：桃是一种营养价值很高的水果。桃树在东乡全县都有种植。桃中含铁量较高，在水果中几乎占居首位。桃富含果胶，经常食用可预防便秘。桃有补益气血，养阴生津的作用，是大病之后补气血的首选水果。

为了发展果林经济，县政府近期提出了建立特色经济林的要求，在巩固经济林基地规模的基础上，坚持适地适树、集中连片，已成片种植了啤特果林、大接杏林等，在洮河沿线的达板、唐汪等乡镇创办了大接杏、葵花子等生态观光农业园区，在大夏河沿线的柳树、东塬等乡建立了蜜桃等特色农业基地。

三、旅游经济上轨道

东乡县生态环境脆弱，不适宜发展工矿企业。因此，大力发展旅游业，把繁荣民族经济与保护生态环境、弘扬民族优秀文化、加强城乡精神文明建设有机结合起来，符合科学发展观要求，是适应时代趋势、顺应经济规律、切合当地实际的发展路子。

在旅游工作中，东乡县注意突出民族特色，打造民族旅游品牌，有选择地开放一批具有代表性的清真寺和拱北，编制最佳旅游线路，推介出“穆斯林民族宗教文化游”，让游人观赏穆斯林雄伟壮丽的建筑艺术，体验穆斯林博大精深的宗教文化。在县城锁南镇，选择一部分体现民族建筑艺术和特色的民居为旅游点，接待体验穆斯林生活的游客，以东乡手抓等为代表的特色饮食，让游客亲身感受和了解穆斯林的起居生活、礼仪习俗，从中体验地道的穆斯林民俗风情。在已建成的民族文化商贸一条街，专门提供东乡手抓、全鸡、油香、馓子、酿皮子等各类民俗食品，并根据游客需求提供特定的食品加工、包装等服务，出售便于携带、保存的清真食品，从而打造真正具有民族特色的旅游品牌。

东乡旅游还立足资源优势，建设地方特色旅游景观。充分利用刘家峡库区沿岸的旅游资源，充分挖掘唐汪杏花村、河滩风景区、达板经济园区等特色资源，建设一批沿库集休闲、娱乐、度假、餐饮于一体的旅游胜地，开辟沿库旅游热线。按照发展思路，逐步与周边旅游点线接轨，形成县内旅游重点路线。

随着自治县经济的不断发展，逐步形成一批具有民族特色的旅游景区。东部有明基山庄、凤凰山垂钓中心、葡萄山雄姿以及有“陇上杏花第一村”美称的唐汪川、红塔寺佛教圣地、三合枣林、石峡口拱北等旅游景点；中南部有坪庄结沟的古动物化石遗存，锁南上王家的辛店文化遗址，民族特色鲜明、现代气息浓郁的黄土高原第一山城；西部有绿树成荫、鸟语花香的东大坡森林公园和东塬生态度假村等景点；北有旖旎的库区风光，胜绝的黄河石林丹霞奇观。

目前，全县的游客大多以节假日休闲游为主，主要集中在东大坡森林公园、河滩库区、县城和唐汪、达板等地，其中东大坡森林公园最为集中。

青峰山庄　李红华摄

东乡自治县主要的旅游景点有：

唐汪镇“杏花园”临洮河旅游风景区。唐汪杏花村地处洮河的河谷地带，是古丝绸之路上连接河州、兰州的重要通道和驿站，距省城兰州62公里，依山傍水、地势开阔平坦，四季风光秀丽，被誉为“陇上杏花第一村”。唐汪西侧自然形成的丹霞地貌——红塔，高约百余丈，形成高塔，极为壮观。塔下面是始建于南宋末年的藏传佛教寺院红塔寺。唐汪“杏花村”靠山面河，是“杏花村”一日旅游的好地方。

东大坡森林公园：距临夏市12公里，国道穿境而过，交通便利，占地面积4284亩。这里林草繁茂，禽栖鸟鸣，生机盎然，景色秀丽。近年来，自治县依托资源优势，先后建成了东大坡山庄、山情园度假村、丰顺山庄，年接待游客达12万多人次，成为集森林景观、山林野趣、登高鸟瞰民族风情为一体的旅游胜地。

东塬度假村：地处东塬乡林家河滩，位于大夏河东岸，与九眼泉度假村隔河相望，距临夏市7公里，临国道213线，占地270亩。这里林木葱郁，流水潺潺，鸟鸣林间，果香诱人，餐厅、宾馆等各种服务设施齐全，是游人避暑休闲的好去处。

河滩旅游区：位于大夏河流域，刘家峡库区沿岸，距炳灵寺石窟10千米。这里水域辽阔、桃林芳香、椒树映红、鸥鸟群集、水鸭嬉戏，游人或泛舟湖中，或嬉戏垂钓，其乐无穷。

信汇生态园区：该景区位于邢家梁水保站林区，占地面积360亩，有建筑面积5400平方米的宾馆一座，设置住宿客房、餐厅、会议室等，园内道路、名贵花木、游泳池等基础配套设施齐全。信汇生态园区的建成，将集餐饮、娱乐、休闲、商务接待、观光旅游为一体，成为东乡县北大门的一面旅游招牌。

美食是旅游中不可缺少的一环，来到东乡就不能不吃“东乡手抓”。东乡手抓美食城位于达板镇中心，占地16亩，建有总建筑面积为1.8万平方米的具有穆斯林风格的六层综合楼，一、二层为手抓城，主要经营以东乡手抓为主的民族特色饮食业和农家饭菜。

参考文献

[1] 马正亮．甘肃少数民族人口．兰州：甘肃科学技术出版社，1988

[2] 甘肃省民族事务委员会，甘肃省民族研究所．甘肃少数民族．兰州：甘肃人民出版社，1989

[3] 马如基，韩小平．河州风情．兰州：甘肃人民出版社，1992

[4] 郝苏民．甘青特有民族文化形态研究．北京：民族出版社，1999

[5] 甘肃省民族事务委员会．甘肃民族工作五十年．兰州：甘肃人民出版社，1999

[6] 甘肃文史资料选辑第 50 辑（中国东乡族）．兰州：甘肃人民出版社，1999

[7] 马志勇．河州民族论集．兰州：甘肃文化出版社，2000

[8] 马自祥，马兆熙．东乡族文化形态与古籍文存．兰州：甘肃人民出版社，2000

[9] 汪玉良．中国少数民族饮食文化荟萃．东乡族饮食文化．北京：商务印书馆国际有限公司，2001

[10] 李忱．甘肃民族研究论丛．兰州：甘肃人民出版社，2002

[11] 原华荣．中国民族人口．第十四卷．东乡族人口．北京：中

国人口出版社，2003

［12］陈长平，陈胜利．中国少数民族生育文化．北京：中国人口出版社，2004

［13］马正亮．甘肃少数民族人口．兰州：甘肃科学技术出版社，2004

［14］樊世兴．走进古河州．兰州：甘肃民族出版社，2004

［15］马志勇．东乡族源．兰州：兰州大学出版社，2004

［16］陈元龙．中国花儿新论．兰州：甘肃文化出版社，2004

［17］张学明，赵忠．大禹导河之州：临夏文明古今谈．甘肃民族出版社，2005

［18］陈元龙，冯岩，王维胜，史有勇．寻古·探幽·览胜——走进临夏．兰州：甘肃人民出版社，2006

［19］马志勇．东乡史话．兰州：甘肃文化出版社，2006

［20］白晓荣．兰州市“东乡村”民俗生活适应与变迁的调查．兰州：兰州大学出版社，2007

［21］陈元龙，王沛．中国花儿曲令全集．兰州：甘肃人民出版社，2007

［22］马志勇．临夏史话．兰州：甘肃文化出版社，2007

［23］文化．传统与现代的语境：西北少数民族女性民俗与社会生活．兰州：兰州大学出版，2007

［24］《东乡族自治县概况》编写组．东乡族自治县概况．北京：民族出版社，2008

［25］施洪清．伊犁世界．上海：学林出版社，2009

［26］马志勇．甘肃东乡族史话．兰州：甘肃文化出版社，2009

后记

《东乡族》一书终于与读者见面了。东乡族是甘肃的特有民族，介绍这个民族及人口的往昔与今天的发展成果是我们义不容辞的责任和义务。为了写好书稿，我们前往新疆伊犁州进行了调研，多次到东乡族自治县及临夏州进行资料收集和调查，几经修改，历经一年多才完成书稿。字数虽不多，但却凝聚着作者的点点心血。

本书在初稿完成后，请临夏州文联副主席、东乡族著名作家马志勇对全书进行了审阅、修定和统稿，在此对他的辛勤劳动表示感谢。对东乡族自治县人口计生局及新疆伊犁州人口计生委的负责人，在书稿的撰写、调研中给予的大力支持，也一并致谢。

中国人口出版社为本书的撰稿编写做了大量工作，曹福志编审对书稿的修改提出了很好的意见，杨政瑞编辑为本书的编辑付出了辛劳，在此一并特表感谢。

《中国少数民族人口》杂志主编马正亮，在本书的撰写工作中，做了不少资料收集工作，李红华编辑为全书的修改、拍摄照片、打稿及校对也付出了辛勤劳动，对此同样表示感谢。